ROWOHLT
BERLIN

Jens Reich

# Abschied von den Lebenslügen

## Die Intelligenz und die Macht

Rowohlt · Berlin

Redaktion Ingke Brodersen
Umschlaggestaltung Walter Hellmann
Foto des Autors: Ute Mahler/Agentur Ostkreuz

1. Auflage März 1992

Satz aus der Baskerville auf Monotype Lasercomp
von LibroSatz, Kriftel
Druck und Bindung Clausen & Bosse, Leck
Printed in Germany
ISBN 3 87134 042 1

# Inhalt

I

# Abrißunternehmen Sozialismus oder Abschied von den Lebenslügen

Unser Schiff zieht seinen Kurs fest
und stolz dahin – bis zum Sieg!
*Dr. Günter Mittag, Rede am 20. 9. 1989*

## Im Ascheregen

Der Vulkan bricht aus. Aus der Ferne ist das ein herrlicher Anblick.

Später regnet es schwarze Asche, die man ständig zwischen den Zähnen mahlt.

Osteuropa gleicht heute einer Landschaft nach dem Vulkanausbruch. Die Explosion hat stattgefunden. Rauch und Staub lichten sich. Wir inspizieren die geborstenen Säulen und eingestürzten Gebäude. Es regnet Asche.

## Die Geprellten

Der Exitus des bürokratischen Kommandosystems in Osteuropa, das den Decknamen Sozialismus führte, hinterläßt viele Enttäuschte und Deprimierte. Unter ihnen ist auch eine soziale Schicht, die es in dieser Ausprägung nur im Ostblock gab: die Intelligenz.

Das Motiv der Enttäuschung ist individuell durchaus unterschiedlich. Intelligenz ist keine homogene Schicht. Verkürzt gesagt, es gibt die ehemaligen Aktivisten, die trauern, daß sie aus dem Sattel geworfen wurden, die Dissidenten und Reformer, die enttäuscht sind, weil sie nicht in den Sattel gelangten, und die Mitläufer, die bestraft werden für eine Entwicklung, an der sie keine Schuld tragen, wie sie meinen.

In allen Ländern, in denen das historische Erdbeben stattfand, haben die couragiertesten Vertreter der Intelligenz an der Überwindung des Systems mitgewirkt. Um den Lohn für ihren Einsatz fühlen sie sich betrogen. Sie wurden entweder gar nicht auf die Kommandobrücke gelassen (die Bürgerbewegungen der DDR) oder nach kurzer Gastrolle von dort verdrängt (Polen, Ungarn), oder in den Kompromissen der Macht auf der Brücke gespalten und verschlissen (UdSSR, ČSFR).

Die Intelligenz – das Opferlamm der Revolutionen? Ihre abgebrannte Zündschnur – zu Asche zerfallen?

## Komplizenschaft

Die anklagende Beschreibung vom Unrecht an den Helden der Revolution verdrängt, daß die gleiche Schicht Gehilfe und Komplize des alten Systems war und dafür jetzt die Quittung erhält. Ein widerwilliger Gehilfe, ein Komplize mit Skrupeln, in einer Rolle wie Leporello, der im Abseits ständig aufmuckt und doch seine Pflicht erfüllen muß, wenn Don Giovanni nach ihm ruft.

Alle drei Begriffe: Gehilfe, Komplize und Quittung, sind nicht moralisch gemeint. Sie unterstellen auch nicht, daß ein klares Bewußtsein von dieser Funktion bestand. Auch ist eine solche globale These ein «grand total» der Beschreibung und keine genaue Analyse des individuellen Verhaltens und noch weniger des subjektiven Erlebens. Zumal die Inhomogenität der sozialen Schicht (nicht nur dieser) sich einer statistisch zusammenfassenden Beschreibung entzieht. Schon bei einer Verteilung mit zwei Gipfeln liegt der Mittelwert in dem Tal dazwischen und ist deshalb inhaltlich eine Fiktion – um wieviel mehr bei einer komplexen Merkmals- und Eigenschafts«landschaft».

Ich will darauf hinaus, daß Intelligenz strukturell-sozial das System stützte, sich aber benachteiligt, entmündigt, marginalisiert sah. Abbild und Spiegelbild widersprachen einander. Die Demarkationslinie zwischen Machthabern und Untergebenen war illusionär verschoben. Sie lag nicht zwischen befehlendem Apparatschik und kompetenten Spezialisten, sondern fiel wie eh und je mit der Grenzlinie zwischen konkreter und abstrakter Tätigkeit, zwischen produktiver und nichtproduktiver Arbeit zusammen. Auf jeden Fall sah es die große Menge so, und sie war es, die «den Intelligenzlern» den erwarteten Lohn für ihren Einsatz versagte. Dem Arbeiter war klar, wo die Werkhalle war und wo das Büro, während ihm der Unterschied zwischen technisch-wissenschaftlich-künstlerischem «Intelligenzler» und Bonzen nicht so deutlich war.

Das Paradoxon ist, daß genau die wahnhafte Verkennung der objektiven sozialen Funktion die Intelligenz befähigte, Auslöser und Subjekt der Revolution zu werden. Nur eine Selbstabwicklung konnte friedlich ablaufen. Nur eine Selbstabwicklung des Systems konnte überhaupt gelingen. Das wird weiter unten zu beschreiben sein.

Es ist nützlich, über diese Zusammenhänge nachzudenken, um aus der Larmoyanz des Geprellten herauszufinden. Die Intelligentsia des Ostblocks hat ihre historische Rolle noch nicht ausgespielt; sie hat die Aufgabe, sich auf die Herausforderungen der nachsozialistischen Zukunft einzustellen. Dazu allerdings müssen Illusionen abgewickelt werden.

## Meine eigene Buffopartie

Der Verfasser dieser Schrift gehörte dreißig Jahre lang zur «sozialistischen Intelligenz», einer gesellschaftlichen Schicht, die «im Bündnis mit den Klassen der Arbeiter und Genossenschaftsbauern ihre ganze schöpferische Kraft für den Aufbau und die Vervollkommnung des Sozialismus einsetzte».

Ich befand mich die ganze Zeit über in schweigender, verdrossener Opposition gegenüber dieser zugewiesenen Rolle. Ich wählte mir meine engere Umgebung und den Freundeskreis so, daß ich mich auch im privaten Umfeld in dieser Art von Opposition befand, auf Einverständnis bei der Wahrung von Distanz rechnen konnte. Andererseits kannte ich natürlich zahlreiche Vertreter der Intelligenz, vor allem Kollegen, die sich bedeutend näher an der Machtzentrale hielten.

Bei aller Kritik und Reserve nahmen sie zumindest in Anspruch, daß dieses Gesellschaftssystem trotz seiner Geburtsfehler und Schwächen «eine Epoche weiter sei», sich letztendlich im Weltmaßstab durchsetzen würde.

Als ich aus der schweigenden Opposition ausschied und zur offenen überging, wurde ich wie ein Aussätziger von der Seite gemustert. Die nichts Näheres über meine Aktivitäten wußten, gaben Desinteresse vor und nahmen Abstand. Die mehr wußten, warteten offenbar darauf, daß sich eine Falltür öffnen, mich verschlingen und eventuell im Westen wieder ausspeien würde, wie es in den späten Jahren die Regel wurde. Da war auch der Verdacht, daß ich mit meiner Aufsässigkeit Pluspunkte sammeln wollte, um den Start im Westen zu begünstigen. Ich selbst hatte diesen merkwürdigen Verdacht, daß sich jemand in die vorderste Schlachtlinie wirft, um leichter desertieren zu können, auch schon gegen andere gehegt und mich entsprechend reserviert verhalten. Ich konnte mich also einfühlen.

# Undankbares Volk

Der Herbst 1989 in der DDR war eine Protestbewegung der Intelligenz. Ihre Vertreter waren es, die das Führungspersonal stellten und die Proklamationen formulierten. Der Höhepunkt der Bewegung war die Theaterveranstaltung vom 4. November, ihr langer, langer Nachklang waren die endlosen Debatten am Runden Tisch.

Später, als die ganze radikaldemokratisch-ökologisch-freiheitlich-freizügig-reformerische Tarnung breiten Kreisen der Bevölkerung abwegig und überflüssig erschien, als es erkennbar nicht mehr gefährlich war, mehr zu verlangen, da wurden wir abgewählt, abgewickelt, als Spinner verlacht und zur Seite geschoben. Unsere systemübergreifende Fachkompetenz wurde von Evaluatoren als total veraltet eingestuft. Wir waren plötzlich überzählig. Tiefe Gekränktheit war die Reaktion: Denen, die die Revolution gemacht hatten, die «Wir bleiben hier!» skandiert hatten, verweigerte das undankbare Volk die Belohnung.

Mir kamen zunehmend Zweifel, ob die Belohnung denn wirklich so verdient gewesen wäre, ob ihre Verweigerung denn wirklich ein Ausdruck der Undankbarkeit war. In mir kam immer mehr der Verdacht auf, daß die Intelligenz sich lediglich unterdrückt wähnte, es aber nicht war, daß ihre tatsächliche Rolle in der Struktur der Gesellschaft eine ganz andere war als in der Einbildung. Daß also subjektive Empfindung und objektive Lage auseinanderklafften. Solche Sinnestäuschung kennen wir aus der dinglichen Welt, warum nicht auch in der Welt der Begriffe?

Merkwürdig nur, daß eine Täuschung des intellektuellen Sinnes realitätsbildend werden und ein ganzes System zum Einsturz bringen kann. Es kam mir vor, als hätten wir zum

Volk gesagt: «Los, nehmt uns als Rammbock und drückt das Tor ein – es ist morsch!» Wie morsch es war, wußten wir durch Einfühlung. Und sie nahmen uns als Ramme, holten aus, drückten das Tor ein, warfen uns danach achtlos zur Seite und stürmten hinein. Hätten wir uns getäuscht, wäre das Tor noch stabil und fest gewesen, dann wäre das Rammholz zersplittert, und die Rammenden hätten sich die Arme verstaucht. Ende des Aufstandes.

Mir liegt daran, dieser realitätsbildenden Selbsttäuschung, dieser Illusion gedanklich nachzugehen. Klare Erkenntnis ist wichtig, um aus der Resignation herauszukommen. Sie ist auch wichtig, weil die zukünftige Rolle der Intelligenz davon abhängt. Daß eine Täuschung uns befähigt, geschichtswirksam zu werden, wird sich wohl nicht wiederholen.

Es geht mir um die geschichtliche Funktion der Intelligentsia des Ostblocks im zukünftigen Osteuropa. Nicht nur um die Intelligenz der DDR im geeinten Deutschland. Die Intelligentsia, eine die nationalen Grenzen übergreifende Schicht, die durch zwei Generationen gemeinsamer Ideale, Ideologeme, Phrasen und Abwehrstrategien geprägt ist, steht an einer Wegscheide: Entweder wird sie einfach durch die berufsständisch verwandte Schicht im Westen aufgesogen und abgewickelt, oder sie bringt ihre geschichtliche Erfahrung in eigenständige, originelle Beiträge zur Gestaltung der Zukunft ein.

## Absturz

Macher haben den Wortdrechslern das Steuer entrissen. Es findet eine Umstrukturierung der kollabierenden Gesellschaften statt, in denen die Intelligenz ihre traditionelle Rolle als schöpferische, moralische, pädagogische und naturwissenschaftlich-technische Elite nicht mehr zu spielen imstande ist. Unerwartet wird uns ein ganzer Cocktail von verschiedenen Defekten in individuell verschiedener Mixtur zugeschrieben: fachliche Inkompetenz, soziale Entwurzelung, moralischer Kreditverlust, politisches Versagen, und vor allem sind wir plötzlich viel zu viele. Ein Massenheer von frustrierten «Intelligenzlern» entsteht durch Entlassung in die Arbeitslosigkeit, mit sanftem Druck erzwungenen Übergang in den Vorruhestand, durch Umstrukturierung, Schließung, Warteschleife und Abwicklung bevorzugt derjenigen Einrichtungen, in denen ein hoher Anteil an Hoch- und Fachschulabsolventen arbeitete: Universitäten, Akademie der Wissenschaften, Forschungs- und Entwicklungsabteilungen in Betrieben und Kombinaten, Schulen, im öffentlichen Dienst. Viele Institutionen und Tätigkeiten werden erst einmal beseitigt, auch wenn ein gesellschaftlicher Bedarf besteht. Da die im Westen vorherrschende private oder gemeinnützige Trägerschaft in den Ostländern nicht funktioniert – aus historischen Gründen und wegen der Mentalität –, droht Verarmung in den wichtigen nichtproduktiven und nichtprofitablen Bereichen des gesellschaftlichen Lebens. In einigen Ländern erfolgt dieser Übergang als Schock, in anderen gedämpft und quälend langwierig.

Daß berufliche Kompetenz eine Sache ist, die bei einem typischen Intelligenzberuf etwas mit dem politischen System zu tun hat, ist jedem unmittelbar einleuchtend. Brötchen verkaufen kann man im Realsozialismus wie in der realen Marktwirtschaft: eine kurze Marketing-Anleitung genügt. Auch bei den intellektuell höher greifenden Berufen gibt es solche Fälle. So wird die Tätigkeit eines Computerspezialisten oder Mathematikers in West und Ost sich nicht grundsätzlich unterscheiden; folglich ist die Berufskompetenz recht leicht erneuerungs- und ergänzungsfähig.

Die meisten intellektuellen Berufe sind jedoch in ihrem Erfahrungs- und Kompetenzprofil vom geltenden System beeinflußt. Sie sind bei Marx «Überbau» einer Gesellschaftsordnung. Bei einem Lehrstuhlinhaber «Wissenschaftlicher Kommunismus» liegt das auf der Hand; bei einem Universitätsdozenten für Innere Medizin ist dieser Zusammenhang subtiler.

Daß der Kompetenzabsturz für viele Vertreter der Intelligenz trotzdem wie ein Schock kam, lag daran, daß sie glaubten, der Übergang würde ein Neuanfang mit Umstellungszeit sein, in der Schonfrist gewährt wird, zumal wenn keine unmittelbaren Konkurrenten vorhanden sind. Im Polen der Nachkriegszeit dürfte die Qualifizierung von akademischen Berufen für den Neuanfang gesellschaftlich allgemein akzeptiert gewesen sein; nicht so in der Krisenzeit 1991. Die offene Ausschreibung von Stellen auf dem bundesrepublikanischen und internationalen Markt bedeutet, die Chancen selbst gut qualifizierter und politisch unbelasteter Wissenschaftler oder Ingenieure aus der vormaligen DDR auf null zu reduzieren. Individuell sehen die Betroffenen das als unverschuldet und unverdient an und fühlen sich benachteiligt, betrogen, kolonialisiert. Manche verharren in starrsinnigem Stolz, andere reagieren mit tiefer Depression, wieder andere mit opportunistischer Anpassung.

Daß dieser Zustand die Quittung für die lange Komplizenschaft mit dem Kommandosystem sein könnte, wird als Möglichkeit nicht in Betracht gezogen, sondern mit hohem Emotionsaufwand entrüstet zurückgewiesen.

Die soziale Entwurzelung des Intelligenzstandes verläuft im Gleichschritt mit der beruflichen Involution und dem politischen Kollaps. Betroffen sind hier von allem Menschen im mittleren und gehobenen Alter, besonders Frauen. Es ist vielsagend, daß gerade Privilegien, die die Intelligenz als «systemnah» auswiesen, ihr jetzt zum Nachteil ausschlagen, zum Beispiel, daß ihre Altersversorgung nur teilweise beitragsbezogen mit Generationenvertrag gestaltet wurde, überwiegend dagegen als Staatsrente aus dem öffentlichen Haushalt.

Die moralische Diskreditierung ist eine Angelegenheit, die besonderer Analyse bedarf. Wenn eine ganze Gesellschaft den Übergang vom Sozialismus zum Kapitalismus vollzieht, dann sind genau die gleichen Berufsbilder unterschiedslos diskreditiert, die es bei dem vormaligen umgekehrten Übergang auch schon waren. Lenin rief dazu auf, die alte bürgerliche Klasse und ihren Beamtenapparat zu zerschlagen – wen darf es da verwundern, wenn jetzt die neue, altgewordene Schicht, die an ihre Stelle trat, ebenfalls zerschlagen wird? Weiterhin sind Hunderttausende diskreditiert, deren Berufe zwar systemneutral sind, die aber ihre individuelle Karriere einem mehr oder weniger energischen Bekenntnis oder Lippendienst für das alte System verdankten. Schließlich sind auch diejenigen belastet, die mit dem System zum Nachteil anderer informativ zusammengearbeitet haben.

Aufschlußreich ist, daß sich die öffentliche Jagd auf Informanten in Deutschland hauptsächlich auf die Zusammenarbeit mit der Staatssicherheit konzentriert, obwohl Anschwärzen und Zuträgerei im «harmlos-zivilen» Bereich viel häufiger und meist auch wirksamer waren: Die Stasi sammelte Informationen, der Parteisekretär hingegen konnte direkt die Genehmigung zur Westreise oder die Berufung in eine Position beeinflussen. Selbst bei der Staatssicherheit ist die Beweislage so dürftig, daß sehr formale Kriterien herhalten müssen. Wer sich als Pastor aus missionarischer Naivität auf Gespräche mit der Stasi eingelassen hat, um seinen Schäfchen zu helfen, hat kaum noch die Chance der Rechtfertigung, wenn seine Mitarbeit öffentlich bekannt wird. Das formale Kennzeichen für moralische Mittäterschaft ist der Status des inoffiziellen Informanten; eine genaue Analyse der Zusammenarbeit zwischen Informanten und Staatssicherheit ist oft nicht möglich und offenbar auch gar nicht erwünscht. Als Beweismittel dienen meist nur die Akten der Staatssicherheit selbst, wobei die Berichte oft von Führungsoffizieren als Aktennotiz (und nicht vom Informanten selbst) verfaßt sind, so daß sich – abgesehen vom Wahrheitsgehalt – nicht einmal klären läßt, ob der Bericht so überhaupt gegeben wurde oder ob die Erfindungs- und Interpretationsgabe des Berichtenden zur Aufwertung seiner eigenen Arbeit eingesetzt wurde. Überdies: Wer so prominent war, daß sich die Staatssicherheit genierte oder es ihr untersagt war, eine Verpflichtungserklärung unterschreiben zu lassen, hat jetzt nichts zu fürchten.

Der Defekt politisches Versagen schließlich disqualifiziert alle, die im alten System als Berufspolitiker, Funktionär usw. tätig waren. Er betrifft das, was man im Westen «politische Verantwortung» für eine Pleite nennt. Man tritt zurück, auch wenn man weder strafrechtlich schuldig noch moralisch belastet ist. Du hast vergeigt, also fliegst du, ganz einfach.

Es ist merkwürdig, wie selten dieser einfache Abgang akzeptiert wird. Und wie wenige sich darauf berufen. Wenn es geschieht, wie bei Egon Krenz in zahllosen Talkshows, dann wird man das Empfinden nicht los, hier mime der Mafiaboss den Biedermann – wobei man sich allerorten weniger darüber aufregt, daß Krenz et alii sich an Menschen versündigt und Unschuldige ins Gefängnis gebracht haben, sondern daß sie geprunkt und gepraßt, Sonderversorgung und Jagdhütten genossen haben. Als ob nicht jeder Apotheker im Westen reicher und luxuriöser lebte.

Der Zorn über den *relativen* Luxus und Machtmißbrauch der Nomenklatura gehörte zu den stärksten Motiven für die Volkserhebung, die Anfang Dezember 1989 zum Sturz von Krenz führte. Nach meiner Beobachtung war er viel weiter verbreitet, «volksnäher» und sehr viel energischer und handlungsbereiter als die friedlichen Demonstrationen gegen das undemokratische Regime im September und Oktober. Anfang Dezember drohte tatsächlich ein Volksaufstand, drohte Generalstreik, und die Installation des Runden Tisches war eine Beruhigungspille. Die Intelligenz, ihre alten Kader wie die neuen Kräfte, vereinigte sich zu einem unausgesprochenen Bündnis, um den Palavercharakter der Selbstabwicklung des Systems zu bewahren. Es gelang. Zumal Helmut Kohl assistierte: Er beruhigte das aufgeregte Volk mit dem Versprechen schneller Vereinigung, schneller sogar, als seine eigenen zehn Punkte ursprünglich vorsahen.

Meine Feststellung ist nüchtern. Ich weiß nicht, ob wir recht gehandelt hätten, hätten wir uns dazu entschlossen, uns an die Spitze zu stellen, die Macht zu fordern und den Aufstand zu «thermidorisieren». Ich selbst habe am Runden Tisch nicht teilgenommen, weil ich im Zwiespalt war und die kalmierende Funktion der Schwatzbude voraussah, ohne den Mut zu haben, den Tiger zu reiten. Es war nicht einfach körperliche Feigheit, sondern die Feigheit, die moralische Unversehrtheit zu verlieren, die unser Handeln bis dahin begleitete.

Im politischen Erdreich lagern Blindgänger. Der Aufstand gegen die Privilegien schleifte die armselige Luxusfestung Wandlitz, setzte aber auch den Wohlstand der Arrivierten im

Marktsystem deutlich ins Bewußtsein. Nicht mehr schwarze Citroëns rauschen über die gesperrte Kreuzung der «Protokollstrecke», sondern der erfolgreiche Nachbar vom Nebenaufgang hat das Luxusauto, während der Prolet arbeitslos ist. Die Ungleichheit wird dargeboten, ist ostentativ geworden. Die unterdrückte Wut über «das Arschloch in dem fetten Audi» macht sich Luft in der Ersatzhandlung «Aufklatschen von Fidschis». Ebenso leicht wie gegen Fidschis kann die Wut sich gegen die Brillenheinis wenden, die immer auf die Füße fallen. Das Gelände ist vermint.

Der Niedergang der Ost-Intelligenz hat auch ganz rationale Gründe in der Hypertrophie dieses Standes. Sie üben zumeist gutbezahlte, subventions- oder haushaltsfinanzierte Berufe aus. In einer Krise sind sie dann zu zahlreich. Das gilt im Osten wie im Westen. Obwohl es in den sozialistischen Ländern Zulassungsziffern für Ausbildungsplätze und ein strenges Planstellenregime gab, konnte ein stetiger Zuwachs an «Intelligenz» nicht verhindert werden. Der gesellschaftliche Druck, in Berufe mit hohem Prestige und relativ leichten Arbeitsbedingungen zu gelangen, war zu groß. Niemals ist irgendwo der Abbau von Bürokratie und Überbesetzung gelungen – der Apparat war immer zäher. Jetzt kommt die Rechnung: Es sind zu viele Institutionen und in diesen zu viele Angestellte und unter diesen zuwenig Qualifizierte.

## Ungebetene Gäste

Zu den Enttäuschungen der Intelligentsia trägt auch bei, daß die Neuankömmlinge nach vollzogener Revolution nicht als die tapferen Streiter gegen die Knebelung des Geistes begrüßt, sondern als Mitkonkurrenten um die schmaler gewordene Subventions- und Fördermittelbörse angesehen werden. Das ist besonders in Ostdeutschland spürbar, wo der Zusammenbruch des ganzen Staates die Intelligenz als heimatlose Gesellen freigesetzt hat, Asylbewerber sozusagen an der Mutterbrust der Wissenschaft und Technik.

Da gibt es den Intellektuellen, der früher als Schriftsteller, obwohl systemnah, durch ironische Feindistanzierung schmunzelnde Achtung erntete, oder den Professor, vom Mitstreiter in der Internationalen Historikerkommission zum Kaderschinder avanciert, der für seine Mitschuld an geköpften Wissenschaftlerlaufbahnen geschmäht wird. Früher ließ er die Vasallen springen und organisierte für den Westgast eine ehrenvolle Rundreise durchs Land. Da gibt es den Ingenieur, dessen Betrieb bis Anfang 1990 zum begehrten Kooperationspartner bei der Leipziger Messe gehörte, jetzt aber die Kreditbonität verloren hat und als lästiger Konkurrent niedergemacht wird. Wie doch die Zollgrenze den Habitus verändern kann!

## Legenden

Vom Abrißunternehmen Sozialismus übriggeblieben sind zahlreiche Ideologeme, geborstene Säulen, Ausreden und Fehlurteile, die noch heute fortwirken, zumal sie im Westen oft unbefragt hingenommen wurden. Allen voran das Leitbild von der antifaschistischen Urzeugung des deutschen sozialistischen Staates, das zur Lüge über den «antifaschistischen Schutzwall» verkam und damit den Widerstand gegen Hitler, an dem auch Sozialisten maßgeblich beteiligt waren, nachträglich verriet. Oder das bürokratisch entartete Ideal der Völkerfreundschaft, das letztlich als Tarnkappe für den

Export von Stasi-Strukturen in den Nahen Osten herhalten mußte. Oder die Wahnvorstellung von der außerordentlichen sozialen Wärme und inneren Solidarität der sozialistischen Menschengemeinschaft. Oder die Legende über das Erziehungs- und Gesundheitswesen, das angeblich gleich und gerecht und für jeden offen war, während doch gleichzeitig Spezialkrankenhäuser eingerichtet wurden und der Zugang zum Abitur durch politische Kriterien reglementiert war.

Auch heute noch gibt es verklärte Bilder. Von der tüchtigen Wissenschaft, die angeblich Widerstand leistete gegen die bürokratische Zumutung. Von der aufmüpfigen Kirche, die angeblich mutig dem Staat trotzte – während es in Wahrheit doch nur wenige couragierte Pastoren waren, die sich ungeachtet der Mißbilligung durch Mitbrüder und Gemeinden exponierten.

Und als Sündenbock für alles die Staatssicherheit: angeblich ein Staat im Staate, der alles mit seinem teuflischen Netz umgarnte und alle zu Opfern machte.

Die Stasi war eine Höllenmaschine, ohne Zweifel. Gegenwärtig aber spielt sie auch die Rolle des Universaltäters, als sei der Alltag des Sozialismus nicht auch auf ganz anderen Schienen – Partei und Apparat – gerollt. Die Fixierung auf den Nebenkriegsschauplatz Staatssicherheit verhindert eher eine Auseinandersetzung mit den Grundfesten des Systems.

Die vom Kutschbock des sozialistischen Rumpelgefährts abgesprungene Intelligenz hat jetzt die Aufgabe, sich in das neue System zu integrieren. Das wird vielen gelingen. Der Computerprogrammierer wird auf längere Sicht seinen Job, ein paar Tarifgruppen tiefer eingestuft, wiederfinden, wenn nicht sein Alter den Verdacht nahelegt, daß kristalline über flüssige Intelligenz dominiert und den Umlernprozeß behindern könnte. Allerdings werden wir den moralischen Anspruch, das Prestige als Systemdissident, an der Bürotür abgeben müssen. Der Abschied vom Selbstbild sollte leichtfallen, wenn man es als Illusion erkannt hat.

Jeder Stand hat seine Lebenslüge. Auch im Westen ist das nicht anders. Das Proletariat der realsozialistischen Länder – mit der Ausnahme der streikenden polnischen Arbeiter, die auch entsprechend als faule Nichtstuer ins kollektive Unterbewußtsein eingingen – kann nicht behaupten, energisch den Untergang des Sozialismus betrieben zu haben. Auch hier waren die privaten Nischen und der Dienst nach Vorschrift die passive Strategie. Auch hier ist das Erwachen aus der Illusion schmerzhaft. Die Rolle der Intelligenz im Sozialismus war jedoch besonders zwiespältig. Ihr Verdienst ist, daß sie das Regime an seiner Lügenhaftigkeit scheitern ließ. Ihr Versagen ist, daß sie nicht zu solidarischem Widerstand fand, daß Robert Havemann, Andrej Sacharow und Václav Havel allein blieben. «Die Intelligenz war feige», sagt Rolf Henrich, auch «einer von diesen Galiläern». Er hat recht.

2

# Clerus minor oder Die Selbstentleibung der Intelligenz

## Das Duell

Die Intelligenz schießt auf ihr Abbild im Spiegel und trifft sich selbst.

Es zielen (unter anderem):
Andrej Sacharow auf Michail Gorbatschow
Adam Michnik auf Mieczyslaw Rakowski
György Konrád auf Imre Pozsgay
Konrad Weiß auf Gregor Gysi.

Die Duellanten sind voll satisfaktionsfähig. Sie sind stets Angehörige der Intelligenz.

Der edle Rittersport ist aber bereits die zweite Etappe der Revolution. Vorher haben die Kontrahenten gemeinsam einige als nicht mehr satisfaktionsfähig angesehene Kumpane abgeräumt: Erich Honecker, Miloš Jakeš, Erich Mielke, Vasil Biläk, Günter Mittag, Alexander Schalck-Golodkowski und so weiter.

Das Theaterstück heißt «Wildgewordene Reform», einer seiner Hauptdarsteller ist die Intelligenz, als Revolutionär ohne Absicht. Sie sitzt auf einem Ast und sägt daran.

# Zauberlehrling

So hatten wir es nicht gewollt, so nicht erwartet. Die Evolution, die Reform, die Vernunft war uns unter der Hand zur Revolution entglitten. Wir sind das Opfer einer doppelten Illusion geworden: daß das Volk unsere Ziele übernehmen und uns zu Führern wählen und daß der Westen uns in dieser Rolle anerkennen würde. Dazu schließlich noch die Überraschung, daß die bürgerliche Freiheit auch uns – warum gerade mir? – die Freisetzung aus der Arbeit und aus dem Lebensplan bringen würde. Alle anderen hätten «die Abwicklung» verdient, nur nicht ich!

Die Illusion bestand darin, daß wir glaubten, die Unterdrückten und Gepreßten in einer Klassengesellschaft zu sein, in der die Nomenklatura die Macht hatte und sie mit den Fangarmen Partei, Staatssicherheit, Apparat und Armee gegen das Volk, und damit auch gegen uns, verteidigte.

In Wahrheit waren wir nicht so sehr Unterdrückte, sondern Geprellte. Unsere Wut darüber, daß uns die selbstverständlichen Freiheiten, ja geradezu die Existenzbedingungen des Intelligenzlers vorenthalten wurden, war ein ebenso wichtiges Motiv für die Rebellion wie das Leiden an der drückenden bürokratisch-administrativen Entartung. Die Cleveren unter uns, auch die mit geringeren Skrupeln, erkauften sich diese Freiheiten mit Wohlverhalten. Sie wurden zum Beispiel Reisekader. Der Gemüsefrau war die Dienstreise in den Westen aus evidenten Gründen verwehrt: Sie brauchte das nicht als Arbeitswerkzeug. Für sie wäre das Luxustourismus gewesen, und deshalb bereitete es keinen Skrupel, es ihr zu verwehren.

Die Intelligenz war eingebaut in einen Kopfentwurf der Gesellschaft und ihrer Zukunft, in eine streng geplante Rationalität der Wirtschaft und der Lebensverhältnisse. Die Wirtschafts- und Verwaltungsintelligentsia erfüllte die Kommandos, die technische Intelligenz baute Geräte, Maschinen und Steuerungsanlagen, die schöpferische Intelligenz schuf die Illusionen, und die Gesellschaftswissenschaftler kreierten das Weltbild, das die wahren Verhältnisse auf den Kopf stellte: Oberster Glaubenssatz war die Lehre von der Diktatur des Proletariats und der Klassenmacht der Arbeiter und Bauern. Die behauptete Wahrheit dieser großen Lüge machte jede kleine Wahrheit so gefährlich, so brisant, machte jeden Liedersänger und Schriftsteller potentiell zum Zerstörer des Systems.

Ich weiß, ich weiß. Wir waren in unserer Entfaltung gehemmt und behindert. Der Kollege im Westen lebte besser, freier, hatte ganz andere Ressourcen für seine schöpferische Arbeit. Er konnte die Grenzen seiner Begabung ausloten. Bei uns erstickten die kungelnden Bonzen jeden Impuls, den Sozialismus menschlich und effizient zu gestalten. Das stimmt natürlich.

Ich weiß das, und ich wußte das. Warum aber haben wir geschwiegen? Warum haben wir «nur unsere Arbeit gemacht»? Wo war die Klassensolidarität der Intelligenz, als Sacharow, Havemann, Havel fertiggemacht wurden?

Der Widerspruch zwischen Intelligenz und Politbürokratie, den wir für antagonistisch hielten (weil er nicht ausgleichbar war), war in Wahrheit der zwischen der herrschenden Klasse und ihrem hegemonialen Stand. Er ist analog dem Widerspruch zwischen absolutistischem Hof und dem armen

Kleinadel. Daß der Kleinadel unzufrieden war, ändert nichts daran, daß das System die Klassenmacht des ersten und zweiten Standes verwirklicht hatte.

Analogien für die unbequeme Stellung der Intelligenz zwischen Herrschenden und Beherrschten bietet der Kleinadel im zaristischen Rußland. Verarmter Landadel, in hoffnungsloser wirtschaftlicher Hängestellung. Oder gefügiger Dienstadel, in einer standesunwürdigen Abhängigkeit, nach Dienstklassen eingeteilt, wo doch ursprünglich der Grundbesitz oder das militärische Verdienst unter sonst Gleichen bestenfalls eine quantitative Bedeutung hatte.

Die klassische russische Literatur hat die erbärmliche Stellung dieser Adelsschicht eindringlich geschildert. Bei aller Erbärmlichkeit: Adel bleibt Adel. Und der Bauer nimmt stets vor dem Baron den Hut ab.

Eine andere Analogie ist der mindere Klerus zu Zeiten des Verfalls des Mittelalters. Auch diese Schicht gebildet, des Lesens und Schreibens kundig, der Struktur nach herrschend, der tatsächlichen Lage nach verarmt, verprellt. Solche Hängestellungen bringen, wenn die Integration ad maiorem Dei gloriam nicht mehr gelingt, Revolutionäre aller Arten hervor: Luther, Münzer und andere – bis in die Gegenwart.

Die in der Ideologie auf den Kopf gestellte Herrschaftspyramide und der real existierende Scheinwiderspruch zwischen Intelligentsia und ihrem Herrschaftsstand erzwangen ein ganzes Netzwerk von Klischees und Illusionen, in deren Nebel dann schließlich das System erwürgt wurde. Die Intelligenz leitete das Ende des epochalen Spuks ein. Sie riß das Geflecht ein, das ihr die Klassenmacht sicherte. Sie zerstörte es, weil die Einsicht, daß es im Systemstreit versagte, ihr die Klassenmacht schal werden ließ, zur lästigen Pflicht degenerierte. Am Ende versuchte die Nomenklatura, die widerspenstigen Begriffsarbeiter genauso einzusperren wie die produzierenden Handarbeiter. Es begann die große Zeit der Staatssicherheit, der vom Flammenschwert der Oktoberrevolution zum Würgeeisen gegen die bockigen Intelligenzler umgeschmiedeten Waffe der Partei.

Das ging zu weit. Da wurde dann Selbstentleibung als Pantomime von Kettensprengung in Szene gesetzt. Rat- und Hilflosigkeit war nach getaner Arbeit das Ergebnis, und zum erstenmal versagten die glatten Worte. Die Begriffsakrobaten, für eine historische Sekunde sprachlos.

## Die Kostümierung der Intelligentsia

Jede Gesellschaft hat ihre Intelligenz als Wissensverwalter. Wissen wird im Kontext von abstrakten Begriffen chiffriert und in dieser Form aufbewahrt und weitergegeben. Wissen ist stets gleichzeitig stolz in sich selbst ruhend und selbstzerstörend.

Auch die Funktion von Intelligenz hat zwei Pole: Sie bewahrt die Stabilität des Systems und schafft Voraussetzungen, es zu überwinden, zu transzendieren.

Für die Stabilisatoren des Systems ist Intelligenz ein zweifelhafter Verbündeter. Man kann sich nicht darauf verlassen, daß sie im Boot bleibt, wenn dies zu kentern droht.

Intelligenz ist stets kostümiert. Ihre Angehörigen spielen eine selbstdefinierte Rolle. Sie heben sich vom profanen Volk ab, erfinden skurrile Moden und verlieren die Lust an ihnen, wenn sie akzeptiert und nachgemacht werden.

Zu den Kostümen der Intelligenz gehören:

In stabilisierender Funktion: Der weise Magier im Zaubergewand und der Bürokrat mit Schlips und/oder Ärmelschoner. Auch der Mönch ist eine oft gespielte Rolle. Die Vollendung der stabilisierenden Funktion macht ihn zum Regelglied im wohldefinierten System. Eine Traumrolle, aber auch das Ende des Stückes. Agierende in ultrastabilen Systemen werden gnadenlos von der historischen Bühne gejagt. Im alten China gibt es die besten Beispiele; Toynbee nennt weitere.

In transzendierender Absicht: Narren und Berserker. Der Narr spricht lachend systemsprengende Wahrheit aus, ohne auf ihrer Durchsetzung zu bestehen. Als Clown bei Shakespeare, überhaupt im Elisabethanischen Theater. Als Narodnik im Kittelhemd des russischen Bauern, treuherzigen Blickes und mit großer Geduld das Volk aufklärend, bis dieses die Geduld verliert und die Spinner stehenläßt. Eine verfremdete Narrenrolle ist auch Graf Tolstoi, der eine Sense nimmt und bei den Bauern mittun will. Er erreicht stets nur, daß sie ehrerbietig aufstehen, die Mütze abnehmen und «Ganz recht, der Herr!» sagen, wenn er mit ihnen auf Bauernart plauschen will.

Die Geduld des Narodniks ist nicht unerschöpflich. Da das halsstarrige Volk ihm nicht folgt, muß er, bei begrenzter Wirkungszeit, schärfere Saiten aufziehen. So gelangen die energischsten Narodniki zum Zarenattentat. So wird der friedlichste establishmentverweigernde 68er zum Terroristen. Um an den Zaren heranzukommen, müssen sie sich systemkonform stellen; um Sprengstoff zu besorgen, brauchen sie viel, viel Geld, Fahrzeuge, den ganzen logistischen Firlefanz. Sie treiben die technische Raserei auf die Spitze, um sie zu überwinden. Extrem angepaßtes Extremalverhalten. Das gelingt aber nicht. So resignieren sie als versteckte Expropriateure.

Intelligenz verträgt Niederlagen schlecht. Aus der Niederlage weicht sie in eine Vermengung der beiden Pole ihrer Funktion aus: Sie wird extrem angepaßt oder angepaßt extrem.

## Begriffsbestimmung

Das Wort «Intelligenz» hat eine lange Geschichte. All seinen Bedeutungsschattierungen ist etwas gemeinsam, eine Durchschnittsbedeutung im mengentheoretischen Sinne, auch wenn wir gelegentlich sehr viel guten Willen aufbringen müssen, um das noch zu bejahen, wie etwa im Kontext von «intelligence service».

Für uns in der DDR war der am häufigsten intendierte Begriff hinter dem Wort ein Russizismus. Er ist eine Rückübersetzung aus dem russischen «Intelligentsia». Er bezeichnet eine soziale Schicht. Ich bin nicht hinreichend gebildet in russischer Etymologie, um zu entscheiden, ob dieser Begriff zusammen mit dem Siegeszug der marxistischen Begriffswelt populär wurde oder unabhängig davon. Jedenfalls ist die Verwendung als Begriff einer sozialen Schicht ungewöhnlich für das westeuropäische Ohr – etwa so ungewöhnlich, als würden sich die Schmiede die Standesbezeichnung «Körperkraft» zulegen und sich dazu mit Fleischhauern und Transportarbeitern vereinigen.

Dagegen darf man daran erinnern, daß auch der Begriff «Akademiker» nicht ohne merkwürdige Nebenbedeutungen ist und ebenfalls dazu neigt, bei denen, die sich dazu rechnen dürfen, Berufsdünkel zu erzeugen. In der DDR jedenfalls war «Akademiker» ein Wort von unglaublicher Hochnäsigkeit a priori, während «Intelligenz» (genauere Parallele: «Angehöriger der Intelligenz») neutral verwendet wurde. Was nicht verhinderte, daß es von denen, die außerhalb dieses Begriffshofes standen, ebenfalls als dünkelhaft empfunden wurde («Diese Intelljenzler bilden sich wunder was ein auf ihre Schlauheit!»). Da die meisten Vertreter die Privilegien nicht hatten oder nicht zu haben glaubten, die angeblich mit seiner Trägerschaft automatisch verbunden waren («Denen stecken sie es hinten und vorne rein!»), entstand ein reaktiver Dünkel, eine beleidigte Hochnäsigkeit a posteriori. Wie der Ochse, der das schwere Fuhrwerk schleppt und zum Lohn mit Wasser und trockenem Gras abgefüttert wird.

Im Vergleich zum «Akademiker» hat der administrative Sprachgebrauch in den sozialistischen Ländern eine starke Ausweitung des Begriffs «Intelligenz» durchgesetzt. Der Begriffsumfang von «Akademiker» wurde annähernd durch «Hochschulabsolvent» ersetzt, was weniger deutliche politische Emotionen hervorrief. Und Hochschulabsolventen gehörten zur Intelligenz, waren eine Teilmenge der Intelligenzler. Intelligenz gab ihre Exklusivität auf, umfaßte auch «niedere» Weihen wie «Fachschulabsolvent». Da das Fachschulwesen auf ähnliche Weise wie das Hochschulwesen Studiengänge organisierte, die Semestereinteilung übernahm und Diplome verteilte, franste der ganze Intelligenzbegriff am Rande aus, und es war nicht mehr ganz klar, ob die Krankenschwester, der Fachschulingenieur, der Finanzökonom nun zur Intelligenz gehörten oder nicht. Mit entsprechender Frustration ihrer Vertreter, die die Herablassung spürten, aber meist die gleiche angeordnete Geistesarbeit zu verrichten hatten wie die Hochschulabsolventen. Auch die Grenzen zur Arbeiterschaft waren fließend, und die Intelligenz spürte die Verachtung der Arbeiter für die Brillenträger und war gleichzeitig an vielen Arbeitsstätten auch noch schlechter bezahlt.

Aber auch in der anderen Richtung wurden die Grenzen des Begriffs «Intelligenz» im Spätsozialismus absichtlich unscharf gehalten: in Partei und Staatsapparat. Die SED war nach Definition und mit Bezug auf ihren Ursprung eine Arbeiterpartei. Als Mitglieder wurden Arbeiter allerdings tendenziell immer seltener. Es wurden immer wieder Anstrengungen unternommen, den Anteil der Arbeiterschaft zu erhöhen, durch Werbekampagnen und Neuerfassungen des Bestandes. Neue Arbeiter zu gewinnen war eine Sisyphosarbeit, weil die meisten Arbeiter aufhörten, Arbeiter zu sein, wenn sie der Arbeiterpartei beigetreten waren. Sie nahmen eine Funktion im Kreisrat der FDJ wahr oder wurden ABI (Arbeiter- und Bauerninspektion) oder übernahmen sonst einen Posten, den die Arbeiterschaft nicht mehr als Arbeit anerkannte.

Erfolgreicher als die Arbeiterwerbung war da schon die Ausdehnung des Begriffes: Als Arbeiterkinder galten bei der Studienplatzvergabe zum Beispiel die Söhne und Töchter des Polizeiapparates, der Staatssicherheit und der Nationalen Volksarmee mit der Begründung, daß «wir ja als erste aufgeknüpft werden, wenn die Arbeiter- und Bauernmacht gestürzt wird», wie mir einmal ein Elternbeiratsvorsitzender offenherzig erklärte.

Das Merkwürdige war nun, daß alle diese Arbeiter ehren- oder verdiensthalber auch noch in Personalunion Intelligenz wurden. Sie nahmen ein Fernstudium an einer Universität auf, wurden zur Militärakademie «delegiert», kamen auf die Partei- oder Gewerkschaftshochschule oder wurden in die Sowjetunion geschickt. Heraus kamen Arbeiterführer mit Bezeichnungen wie Diplomökonom, Diplomfinanzökonom, Staatswissenschaftler, Gesellschaftswissenschaftler. Sie bevölkerten alle Ebenen des Zentralkomitees, der Ministerien und der örtlichen Verwaltungen, schleppten Diplome, Doktor- und Professorentitel mit sich herum und waren gleichzeitig Intelligenz und Arbeiter und Bauern. Sie setzten die Interessen des Proletariats mit dem Begriffsapparat der Intelligenz durch. Die Bevormundeten protestierten halblaut, murrend. Die Proletarier sahen nicht ihre Interessen verteidigt, und die Intelligenz sah ihren Begriffsapparat verfälscht. Die Arbeiter fanden, daß ihre Interessen im Westen immer noch besser vertreten seien («Lieber dort Arbeitslosenunterstützung in harter Westmark als hier für wertloses Papiergeld malochen!»), die Intelligenz meinte, daß ihre Kreativität durch Begriffs- und Aufgabenbürokratisierung so weit gelähmt würde, daß der Systemwettbewerb zwangsläufig verlorengehen mußte. «Es kann gar nicht weit genug abwärts gehen, damit endlich Vernunft einkehrt!» Sie haben recht behalten, das System ist zusammengebrochen, mit ihm aber auch die wirtschaftliche Vitalität der betroffenen Länder.

Die Erweiterung des Intelligenzbegriffs war an ihre Grenzen gestoßen, als ein typischer Intelligenzler in der Sowjetunion die Macht ergriff, der Jurist Gorbatschow, und sich an die rational abgefederte Reform des entgleisten Systems machte. Die anderen Länder folgten zögernd, zuletzt auch die DDR, indem Erich Honecker vom Dachdecker mit tadellosem Proletarierstammbaum schließlich wenigstens zum Ehrendoktor einer japanischen Universität ernannt wurde.

Nimmt man die Erweiterung des Intelligenzbegriffes weit über die Grenzen des alten «Akademikers» hinaus beim Wort, dann war die Intelligenz eine zahlenmäßig außerordentlich starke und politisch einflußreiche Schicht. Es stehen sich nun zwei Grundthesen unversöhnlich gegenüber: Erstens, dieser ganze Intelligenzrummel war nur Staffage, sie waren keine Intelligenz, sondern Bürokraten und Funktionäre, die das Sozialprodukt verbraten konnten. Daß sie sich die Schmuckfedern der Intelligenz zulegten, war Anmaßung und Frevel, und jedes ihrer ungebildeten Worte verriet das und beschmutzte den guten Namen des Standes. Zweitens, die Erweiterung ist der Tendenz nach berechtigt, die Intelligenz befand sich auf dem Wege zur Klassenmacht, die Funktionäre waren die Hegemonialschicht der Intelligenz.

Ich bezweifle, daß ein Diskurs zwischen diesen Thesen entscheiden kann. Wir sollten sie einfach beide ansehen, ihre Konsequenzen ausdenken und urteilen, welchen Erklärungswert sie für die Vergangenheit haben und was aus ihnen für die Gegenwart und Zukunft folgt.

# 3
# Die verfeindeten Brüder oder Intelligenz und Nomenklatura

## Kollaps

Es gibt keine Gesellschaft ohne Intelligentsia in der Rolle des Wissenshalters.

Im Wissen erscheint jede Gesellschaft als System, als Ganzheit von wechselwirkenden und politischen Kräften, die ein Gleichgewicht erzeugen.

Ein solches Gleichgewicht kann, wie die Physik lehrt, in verschiedenen Erscheinungsformen auftreten. Da gibt es den starren stationären Zustand. Da gibt es die Kippschwingung zwischen mehreren Zuständen, wobei jeder für eine gewisse Zeit stabil ist. Dann gibt es die «Chaos» genannte Bewegungsform, bei der das ganze System zwar bewegungsfähig bleibt, aber kein Einzelzustand ist vorhersagbar. Wie beim Aprilwetter zeigt die Analyse, was alles geschehen kann und auch regelmäßig geschieht, aber welcher Zustand am kommenden Wochenende herrschen wird, kann auch der beste Computer nicht ausrechnen.

In der politischen Physik erweist sich ein starrer stationärer Zustand stets als anfällig für Langzeitdrift in einen instabilen Zustand. Es ist wie ein Schönwetterhoch, eine Inversionslage, die lange Zeit bestehenbleibt und sich dabei langsam mit Smog auffüllt.

So war die sowjetische Gesellschaft der sechziger und siebziger Jahre ultrastabil. Kein Stoß konnte den stationären Zustand nachhaltig erschüttern. Ganz langsam, schleichend, schritten aber Erosionsprozesse mit langer Eigenzeit voran. Die Verknappung von Ressourcen, besonders fossiler Brennstoffe, deren Nachschublinien immer weiter in den sibirischen Permafrost führten. Die Anhäufung von Endprodukten, die ganze Landstriche zu Müllkippen machten. Die sich weitende technologische Lücke, die zu klobigem Riesenwuchs von militärischer Rüstung führte. Und anderes.

Schließlich waren die Steuerparameter der Systembewegung so weit weggerutscht, daß es instabil wurde. Da war nichts aus heiterem Himmel. Die Krise kam einschleichend, unterkritisch daher. Ihren sichtbaren Ausbruch können wir an scheinbar zufälligen Äußerlichkeiten festmachen, vor allem an Personen. Aber das darf die Analyse nicht blind machen gegen die eigentliche Strukturinstabilität des stationären Systems.

## Reißbrettentwurf

Der Sozialismus war das erste Beispiel dafür, daß eine Gesellschaftsutopie verwirklicht wurde. Was Wiedertäufer, Quäker und die Owen-Kolonien versucht hatten und womit sie gescheitert waren, das gelang hier für einen erheblichen Teil der Menschheit: eine neue Gesellschaft nach vorgefertigter Reißbrettzeichnung herzustellen. Der Sozialismus verwirklichte, was Hans Magnus Enzensberger als die fatalsten Attribute des utopischen Denkens ausgemacht hat, «den projektiven Größenwahn, den Anspruch auf Totalität, Endgültigkeit und Neuheit».

Machbarkeitswahn und Gigantomanie waren die motivierenden Triebkräfte dieses Systems bis in seine Kollapsphase hinein. Sie sind nicht spezifisch für dieses Gesellschaftsexperiment. Wir finden das auch in anderen Gesellschaften, allerdings nicht so allumfassend. In der Energiepolitik, beim Wirken des militärisch-industriellen Komplexes, bei der Urwaldrodung, beim Ausbau des Flugverkehrsnetzes, in der Autoindustrie und Mikroelektronik – überall gibt es Ansätze zum rational Optimierten, zum Totalen, zum Grand Design.

Als Träger wahnhafter rationaler Gesellschaftsentwürfe werden meist Intellektuelle ausgemacht, also Angehörige einer kleinen Zunft von Schriftstellern, Gesellschaftstheoretikern, Philosophen und so weiter, die von Platos Zeiten über Campanella bis zu Karl Marx schon zahlreiche utopische Entwürfe vorgelegt haben. Sie haben sie ausgedacht und zu Papier gebracht; ihnen wird auch der Fluch nach der gescheiterten Realisierung aufgebunden. Von Vorvätern werden sie zu Sündenböcken.

Am Grab des utopischen Entwurfes stehen die vollendeten Projekte, die Großbauten des Sozialismus. Allen voran der sterbende Aralsee und die mit Wasser seiner ehemaligen Zuflüsse ausgelaugte und versalzene Erde Usbekistans, eine ökologische Jahrhundertkatastrophe. Eine ebenso grandiose Ausputzerlösung konnte eine eben erwachte Öffentlichkeit gerade noch verhindern: die Umleitung der Riesenströme Asiens, Ob-Irtysch und Jenissei-Angara aus ihrer Nordrichtung nach Südwesten in den Aral. Das hätte ohne Zweifel zu einer Ökokatastrophe der ganzen Nordhemisphäre geführt.

Die Großprojekte des Sozialismus sind zu seinen Sargnägeln geworden. Bis zum Assuan-Staudamm erstrecken sich die Exkremente planender Totalvernunft. Jahrhundertentwürfe wie die Industriegebiete des Kusbass, das Erdölgebiet um Tjumen, im Ural und um Donezk, das Riesenprojekt der BAM sind zu Alpträumen ihrer Erbauer geworden. Die sowjetische Literatur von Gladkow und Gorki bis in die Glasnost-Zeit ist voll von Heldenliedern. Erst in der Gegenwart sind die Freudengesänge in Klagegeheul umgeschlagen.

Verwüstungen anderer Art wurden in den Köpfen von Menschen angerichtet. Vier Generationen hat ein Erziehungssystem gewütet, das Schriftsteller und Pädagogen als Ingenieure der Seele verstand und Disziplin und monotonen Stumpfsinn zu den geistigen Tugenden erklärte, das menschliches Denken und Wissen zu trostloser Langeweile zusammenstutzte, die Gehirne der jungen Leute mit wiedergekäutem Brechmaterial füllte, bis sie fürs Leben von aller Wissenschaft, aller Kunst und jedem Geist geheilt waren und entweder in die private Nische der Gleichgültigkeit krochen oder ausbrachen in wirtschaftliche und Gewaltkriminalität. Auch hier hat sich die Wahnvorstellung der universellen geplanten Manipulierbarkeit ausgetobt.

Als Schuldige für das Desaster wird die Nomenklatura ausgemacht, die Partei- und Staatsbürokratie mit ihren Schlag- und Fangarmen Armee, Polizei und Staatssicherheit.

Diese Schuldzuweisung greift zu kurz. Vielmehr hat die gesamte Intelligentsia dieses Ergebnis zu verantworten. Sie hat mitgearbeitet, die Pflicht erfüllt, die berstende Großrationalität mit Flickvernunft im Kleinen kompensiert. Sie konnte keine Wiese sehen, ohne zu «meliorieren», keinen unberührten Wald, ohne eine Trasse durchzuschlagen, keinen Fluß, ohne Wasserkraft zu stauen. Sie lieferte immer neue Ressourcen, neue Ideen, neue Energiequellen, Wasserquellen, Bodenschätze, bildete immer neue Generationen von Ingenieuren aus. Wie oft habe ich in der Sowjetunion von Menschen, die durchaus keine Parteifunktionäre waren, ein mitleidiges Lächeln kassiert, wenn ich, bereits in den Zeiten des Club of Rome, auf die Endlichkeit und Erschöpfbarkeit unserer Ressourcen verwies: Keine Sorge, so etwas mag bei euch im Zwergeneuropa ein Problem sein – unser Land ist unerschöpflich reich, und die Regenerationskräfte der Natur sind unerschöpflich; nur keine kleinmütigen Ängste!

Ohne die Intelligentsia als Planer wäre es nicht gegangen. Mit Parteibuchparolen allein kann man keine Großprojekte meistern. Und als Auftragnehmer war die Intelligenz ein Ensemble von ängstlich-beflissen-gehorsamen Erfüllungsgehilfen. Wenn jemand sich weigerte, so fand sich stets ein anderer für den Leitungsposten.

Es stimmt, wir, die Intelligentsia, sind um den Lohn geprellt und beim Bankett ins hinterste Ende des Festsaales gewiesen worden. Es ist richtig, wir waren stets skeptisch. Wir haben mehr Sachkompetenz angemahnt, es ging noch nicht rational genug zu. Wir waren dagegen. Wir haben schließlich sogar versucht, vom sinkenden Schiff zu kommen. Aber die großen Projekte und ihre Ruinen sind Zeugen der Pervertierung einer Denkweise, die wir auf Universitäten und Technika studiert und bewundert haben.

Vor Jahren gab es den Witz, daß in einem KIM (Kombinat Industrielle Mast), das Hunderttausende von Hühnern in einer Großanlage hielt, eine Seuche ausgebrochen sei. In Hektik rief die Kombinatsleitung immer wieder beim ZK-Sekretariat für Landwirtschaft und bei der Bezirksparteileitung an, was denn da zu tun sei. Diese konsultierten Akademien und Landwirtschaftsfakultäten und produzierten immer neue Anordnungen, wie zu verfahren sei. Die Rückmeldung «nach Maßnahmevollzug» war stets eine neue Katastrophe: wieder hunderttausend Hühner verendet. Beim letzten Anruf kam die Frage: Habt ihr denn keine Idee mehr, was wir nun machen sollen? Die Antwort: Ideen hätten wir schon, aber ihr habt ja keine Hühner mehr!

Nach diesem Strickmuster ist der Sozialismus zugrunde gerichtet worden: Verantwortung und Kontrollbefugnis nach oben delegiert. Unten saßen sie und schüttelten den Kopf und schwiegen oder murrten leise. Einige protestierten und verfaßten Eingaben, wurden als Querulanten kaltgestellt oder nach dem Westen hinausgelassen. Plantreue war oberstes Gebot. Planerfüllung die heilige Kuh. Das System war thermodynamisch offen, weit offen wie ein Scheunentor, und es war stolz darauf, verbrauchte Ressourcen und produzierte Abfall. Alles war konstruiert wie die organische Chemie: Reinste Ausgangssubstanzen werden hektoliterweise zusammengemischt, sauberste Reaktionen finden in ästhetischen Anlagen statt, am Ende erhält man grammweise eine kostbare Substanz und dazu einen Riesenbehälter verdorbener, weil vermischter Chemikalien, die man unter Qualm- und Dioxinentwicklung verbrennt oder über den Ausguß in den Vorfluter einleitet.

Ich habe das sowjetische Beispiel betont, weil hier der utopische Wahn besonders unkontrolliert getobt hat. Es gibt ähnliche Hinterlassenschaften in Polen, in der Tschechoslowakei, in Ungarn, in der DDR. Small is beautiful only by oomparison: Wir konnten nicht bis zu den Ellenbogen in Ressourcen baden – das war der Unterschied.

Die technische Denk- und Handlungsweise ist mit dem Sozialismus keineswegs ausgestorben. Wir finden sie überall auf der Welt, nur nicht als vollständiges gesellschaftspolitisches System. Im Golfkrieg von 1991 haben wir ein neues Beispiel für den hohlen Grand Design als Ersatz für Problemlösung.

## Intelligenz und Nomenklatura

Im Sozialismus gab es die seufzende, die kopfschüttelnde Intelligenz, die alles kommen sah, «Wem sagen sie dies!» rief, eine bessere Versorgung mit Geräten und Verbrauchsmaterialien anmahnte, darüber klagte, daß Importmittel für goldene Klos in Zhukovka und Wandlitz oder zur Ausbildung von PLO-Terroristen verbraten wurden, anstatt japanische Feinelektronik und westdeutsche Großanlagen anzuschaffen. Wir hier unten, und die Bonzen da oben. Wenn sie wenigstens einige japanische Autos für uns beibringen würden. Statt dessen die gepanzerten Volvos.

Für Menschen, die so gedacht und gelebt und ihre Pflicht erfüllt haben, muß die These von György Konrád und Iván Szelényi von der «Intelligenz auf dem Weg zur Klassenmacht« ein einziges Ärgernis sein. Sie schiebt die Schuld für das Desaster, dessen Folgen wir alle in Osteuropa jetzt auskosten, auf breite Schultern, anstatt die wenigen und gut auffindbaren Schuldigen namhaft zu machen: Partei, Staatsapparat, Armee, Polizei, Staatssicherheit, ja, und dann noch die «Leitungskader» in den Großbetrieben, Kolchosen, Bergwerken – da wird es dann schon durchmischt, denn «dort gab es vielleicht auch anständige Leute». Und dann noch die Speichellecker in den Universitäten und beim Schriftstellerverband. Aber nicht wir, die kleinen Leute!

Wenn man mit der These arbeitet, muß man wohl ein Wort der Erklärung abgeben, daß man keine individuelle moralische Schuld zuweist. Ich will ein analoges Beispiel geben, wie die These gemeint ist.

Mein Vater und mein Onkel und eine Reihe anderer Soldaten des Zweiten Weltkrieges, die ich kenne, sind anständige Leute und haben nie ein Unrecht getan. Auf Befragen sagen sie, daß sie gelegentlich von «Übergriffen» der SS gehört oder etwas erfahren oder beobachtet hätten, aber «die Wehrmacht, die war sauber, die haben fair und tapfer gekämpft und die Zivilbevölkerung geschont»!

Sie reagieren mit Abwehr und Entrüstung auf die Behauptung, daß es die Funktionsweise und die politische Vereinnahmung der Wehrmacht waren, die sie für ganz Europa zu einem Schrecken werden ließen. Daß aus einem Zusammenwirken von Befehl und Gehorsam ohne Kontrolle und Einsicht in die Tatbestände in einem totalitären System keine moralisch saubere Kriegführung herauskommen kann, falls es so etwas überhaupt gibt. Daß man bei aller persönlichen Integrität bei einer verbrecherischen Sache mitmacht, wenn man den Henkern Waffen und Feuerschutz bietet. Daß da ein moralisches Dilemma vorliegt, über das man prinzipiell nachdenken muß, wenn man lebend herauskommt, damit man selbst oder die Kinder und Enkelkinder nie wieder in so eine Situation kommen können, in der sie, ohne es zu wollen, mitschuldig werden.

So auch hier beim Debakel der Großbaustelle Sozialismus. Wir müssen die Strukturen suchen, in denen wir gehangen haben wie in einer Sprossenwand, so daß unser alltägliches Tun, unser Funktionieren, unsere Pflichterfüllung bewirkten, daß das System siebzig (bei uns vierzig) Jahre hielt und uns als Bankrotteure in die Welt des 21. Jahrhunderts entläßt. Und da reicht es nicht aus, die Hauptganoven oben zu benennen und zu bestrafen. Da muß man auch die strukturellen Vorbedingungen für politische Feigheit in allen Bevölkerungsschichten und Klassen erforschen. Das betrifft speziell die Intelligenz.

Intelligenz und Nomenklatura waren bestenfalls verfeindete Brüder, keine antagonistischen Klassen. Der tägliche

Augenschein zeigte das. Wurde im Betrieb ein neues Produktionsgebäude eingeweiht, dann kam der Bezirkssekretär mit seinem Troß. Auf der Tribüne standen der Direktor (promoviert), der technische Direktor (promoviert), der Direktor für Ökonomie und Finanzen (Dipl.-Ök.), der Sicherheitsinspektor (Dipl.-Ing.) und der Parteisekretär (meist auch promoviert, als Mitglied einer Arbeiterpartei). Alle mit den unvermeidlichen weißen Schutzhelmen. Unten standen die Werktätigen, natürlich «Intelligenz» unter ihnen: Ingenieure, Wirtschaftler, Physiker, der Betriebsarzt. In einem Weißkittelbetrieb war die oberste Leitung in Weiß oder in Zivil mit Schlips, wie die Hoch- und Fachschulabsolventen unten, niemals im blauen Kittel, wie die herumstehenden Produktionsarbeiter. Im schmutzigen Betrieb war die Klassenzugehörigkeit erkennbar am Alltagsanzug einerseits (oft mit Krawatte, aber nicht so obligatorisch wie offenbar im Westen) und Arbeitskleidung andererseits. In der Kantine, in der ich selbst jahrelang gespeist habe, richteten sie ein abgezäuntes Areal ein und brachten ein Schild an: Für Kollegen in schmutziger Arbeitskleidung! Dahinter speisten die Handwerker und Transportarbeiter. Zwischen Frühstück und Mittagessen saßen dort des öfteren die Brigaden und spielten Skat . . .

Der Direktor las eine honigtriefende Dankesrede für den großartigen Bau ab, an die Arbeiterklasse gerichtet, und zwar diejenige, die mit den schwarzen Limousinen angereist war, nicht die unten vor der Tribüne. Versprach Verdopplung der Anstrengungen, um dem Vertrauen gerecht zu werden. Für die Arbeiter war das die Rede des obersten Bosses, sie hörten nicht hin. Die Intelligenzler beneideten, bewunderten oder verachteten den Direktor. Er war zwar ein Arschloch, aber keinesfalls eines aus der Arbeiterklasse. Und auch die Arbeiter unterschieden zwischen den ihrigen in der Montagehalle und denen in der Leitungsetage. Dorthin gehörten natürlich auch alle, die «geistig» arbeiteten. Bis hin zum technischen Zeichner.

Von der Tribüne geht es auf die Festveranstaltung mit Büfett. Weitere Reden. Dem hohen Gast werden die Leitungskader vorgestellt. Presse ist anwesend. Das Politbüromitglied und die zwei Prominenten aus dem Troß (ZK-Mitglied und ZK-Abteilungsleiter) sammeln jeder eine schwarze Traube um sich, die sensationshungrig zuhört und beflissen lacht. Man spricht eine «Problematik» an. Das Politbüro hört gnädig zu und winkt einem Referenten zu, sich der Sache anzunehmen. Später verabschiedet man sich kernig «bis zum nächsten Mal».

Die Bauarbeiter werden in ein anderes Gebäude einquartiert. Dort gibt es heiße Würstchen mit Senf und viel Bier und Schnaps. Sie dürfen sich in der verdienten Arbeitspause entspannen (das Gebäude ist noch nicht fertig, nur für den Gast vordrapiert. Es gibt noch wochenlang Arbeit, dies ist eine Zwischenfeier zwecks Beschwörung von Termintreue). Später am Abend gibt es eine zünftige Schlägerei.

Konrád und Szelényi haben die Beobachtung beschrieben, wie bunt verschieden die Zweige der Intelligenz im Westen auftreten: Welten liegen zwischen Joseph Beuys und einem Vorstandsmitglied. Und sie gehen verlegen miteinander um, wie aus zwei verschiedenen Welten. Ganz anders im sozialistischen Lager: Dort unterscheidet sich der Parteisekretär schon rein äußerlich nur in Nuancen vom gefeierten Professor oder bekannten Schriftsteller. Sie gleichen sich wie Pinguine in ihren korrekten dunklen Anzügen mit weißem Hemd.

Der Eintritt in die Partei: für den ehrgeizigen Intelligenzler der Start zur Karriere (er verliert dabei allerdings auf längere Sicht die Freunde, mit denen er zusammen auf der Uni war, damals noch stark «dagegen»), für den Arbeiter das Ende des Arbeiterdaseins, gerade wenn er Vorzeigearbeiter blieb. Vorzeigearbeiter ist das Gegenteil von Arbeiter.

Die Parteihochschule: Sie brachte dem Apparatschik (im Westen sagt man Kanalarbeiter) die notwendigen Weihen. Er wird «Diplom-Staatswissenschaftler». Paradox: Ein Mitglied der Kommunistischen Partei müßte eigentlich den Ehrentitel Vorarbeiter verlangen. Später schreibt er eine Doktorarbeit, für die Pflichtexemplare bei den Universitäten abzulegen sind. Die Parteihochschule hat Promotionsrecht. Titel der Arbeit: «Über die Rolle der materiellen Stimuli im Sozialistischen Wettbewerb als Mittel zur Entfaltung des Schöpfertums der Arbeiterklasse in einem metallurgischen Großbetrieb».

Die merkwürdige gegenseitige Mimikry zwischen Intelligenz und Parteibürokratie ging bis in die Lebensweise hinein. Gehobenes Kleinbürgertum. Ein Sohn von Erich Mielke ist Arzt geworden. Nomenklatura regenerierte sich als Erbadel, die nicht mehr erbberechtigten Kinder wurden Intelligenz. Wurden sie Arbeiter, dann konnte irgend etwas in der Familie nicht stimmen.

Die Verwandtschaft zwischen Intelligenz und Parteiapparat und ihre Distanz von der produzierenden Bevölkerung war in der Sowjetunion besonders deutlich. Aber nicht im subjektiven Bewußtsein. Da hielten sich die «Intelligenty» für etwas Besseres als die Bonzen, verachteten sie und gehorchten doch, wenn sie das Stirnrunzeln des Dompteurs bemerkten. Sie waren arrogante Lakaien. Da verachten sie die Bonzen ebensosehr und halten dabei den Kopf beflissen zur Seite.

Ich kenne die Akademiestädtchen, Neugründungen, in denen notgedrungenerweise nach Fertigstellung auch die Bauarbeiter und anderen Gewerke wohnen blieben. Man hatte sie aus allen Landesteilen angeworben, ihnen Wohnungen versprochen und auch gegeben – jetzt konnte man sie nicht mehr loswerden. Ein erhebliches soziales Problem. In diesen Orten wohnen die Bewohner mit abstrakter Arbeit (also nicht nur Wissenschaftler, sondern auch Finanzbuchhaltung, Parteibüro, Kraftfahrzeug«basis») in anderen Betonsilos (meist in etwas besserer Gegend) als «die Schwarzen». Ob ein Aufgang schwarz ist oder nicht, erkennt man sehr schnell beim Betreten. Im Haus der Schwarzen ist alles noch einen Grad unbehauener, roher gezimmert und weniger aufgeräumt als in den besseren Häusern. Dabei ist es durchaus nicht so, daß die Bezahlung der Arbeiter schlechter ist als die der nichtarrivierten Wissenschaftler. Der Unterschied liegt «in der Kultur».

In Rußland ist auch der soziale Unterschied zwischen Büroarbeit und körperlicher Arbeit ungleich krasser als in den mitteleuropäischen Ostblockländern. Harte klimatische Bedingungen, veraltete Technik und eine souveräne Verachtung von Arbeitsschutzvorkehrungen machen das Arbeiterdasein zur Galeerenfron, nur gemildert durch Trägheit und störrische, lautlose Arbeitsverweigerung. Das Addieren von Zahlenkolonnen in der «Kontora» des Güterbahnhofs Serpuchow, bei zugigem Fenster und prasselnder Heizkanone, ist ein unglaubliches Privileg gegenüber den Transportarbeitern, die scharenweise in Filzjacken in einer kalten Baracke herumlungern und meist schon am Morgen betrunken sind.

Wer die Sowjetunion gesehen hat, wird nicht mehr bestreiten, daß der «Intelligent» bedeutend näher an der Nomenklatur ist als der Arbeiter. Und ich rede im Präsens, denn solche Verhältnisse ändern sich erst in Generationen.

Nach einigem Gerangel hatte sich Anfang der sechziger Jahre die Parteihegemonie voll ausgebildet. Berija und seine Opritschniki waren verdrängt. Die technokratische Intelligenz saß auf zahlreichen Pferden: Parteiapparat, Regierungsbürokratie, Industriemanagement, alle hockten gemütlich im akademischen Ziergärtchen.

Das riesige Land, mit den schweren Klötzen zahlreicher nichtrussischer Gebiete und Republiken behängt, war auf eine historisch einmalige und unglaubliche Weise organisiert wie ein Netzgewirr von Kabelbündeln.

Ein Kabelbündel ist ein Strang, in dem die verschiedensten Informationsströme räumlich benachbart und parallel verlaufen und dabei nur im unerwünschten Störungsfall miteinander kommunizieren. Im sowjetischen Sozialismus herrschten analoge Verhältnisse bei den Produktionsprozessen in jeder größeren Industriestadt. Jede Fabrik gehörte einem anderen aus den Plejaden von etwa einem Schock Ministerien und wurde kaderpolitisch und in den Grundentscheidungen von einer anderen der konkurrierenden ZK-Abteilungen geführt. Zwischen zwei benachbarten Fabriken gab es lediglich ökonomisch informelle, lokale Kontakte, private Bindungen, alkoholschwere Toasts zum Feiertag der Sowjetarmee und die Querschnittskontrolle politischer Ruhe durch lokalen Polizeiapparat und Staatssicherheit. Die Herstellung von Bau- und Ersatzteilen durch eine Fabrik für eine andere erforderte Planbilanzierung über die Republik- oder Allunionszentrale, war damit schwieriger als die Selbstversorgung innerhalb der «Nomenklatur» des gleichen Ministeriums. So konnte es geschehen, daß ein Los Bolzen von Sibirien auf die Krim versandt wurde, das montierte Gerät dann nach Minsk usw. Wie ein Kabelknäuel durchzogen Wirtschaftsbeziehungen das ganze Land, wo informelle Absprachen innerhalb der Nomenklaturen effizientere Lösungen erlaubt hätten.

Den Höhepunkt dieser Segregation erreichte die vollständige Aufteilung der Wirtschaft in den militärisch-industriellen Komplex und den zivilen Sektor. Das ging so weit, daß eine Stadt, die «voennyi gorod» (Militärsperrgebiet) war, sogar eine Millionenstadt wie Gorki oder Swerdlowsk, vollständig «geschlossen» war, selbst für Sowjetbürger nur mit Erlaubnis zu betreten und für Ausländer unzugänglich. Der rationale Sinn bestand darin, daß auf Kosten des zivilen Sektors relative Privilegien und Doppelsicherungen geschaffen wurden, die die Motivierung der dort Arbeitenden auf westliches Niveau heben sollten, ohne daß im ganzen Land liberale Verhältnisse und ein erträgliches Komsumniveau eingeführt werden mußten. Die dort Arbeitenden waren froh über das relative Privileg und fragten nicht so sehr nach der absoluten Höhe.

Dieser Motivierungsschub kann nur einmal erreicht werden und wirkt nur für eine bestimmte Zeit. Dann kommt das System der Doppelwirtschaft in die Krise. Ein Beispiel: Serpuchow ist eine elende Industriegroßstadt des zivilen Sektors, ein Manchester des 20. Jahrhunderts. Einige Kilometer entfernt liegt Protvino, wo der Teilchenbeschleuniger steht, dessen Leistungsfähigkeit für einige Zeit die Weltspitze erreichte. Ein Akademiestädtchen im Walde, mit Sonderversorgung, geprägt durch ein wissenschaftlich-akademisches Klima, eine Oase in Mittelrußland. Auch Jazzbands oder Kinostars aus Moskau ließen sich gern dorthin einladen, um für ein paar Tage freieren Geist und frische Luft zu atmen.

Auf den Straßen Serpuchows und in seinen Restaurants

versteht der Besucher sofort, warum der zivile Sektor das politökonomische System bestenfalls 25 Jahre erträgt, und in der isolierten Protvino-Welt wird klar, daß man auch die teilprivilegierte Intelligentsia nicht für dauernd motivieren kann. In Bahnhofsnähe von Serpuchow liegen am hellen Tage die Betrunkenen schwer atmend im Gebüsch. Die Läden gähnen vor Leere. Der Arzt oder Lehrer oder Ingenieur verteidigt seine Wohnung im zugigen Hochhaus als Höhle mit Büchern, Wandteppichen und Schallplatten vor der langsam zunehmenden realsozialistischen Proletarisierung der Lebenskultur. In Protvino dagegen sind die Bewohner frustriert, weil sie mit den Kollegen im Ausland nicht korrespondieren und nicht ihre Privatadresse preisgeben dürfen, während der Chef das Privileg hat, ins Ausland zu fahren. Der Chef behält diesen uneinholbaren Vorsprung, bis er 80 Jahre alt wird oder der Tod ihn ereilt, so daß die jungen Jahre in kreativer Hilfsarbeit zerrinnen. Dem Ort fehlt auch die geistige Nahrung: Kommunikation, Interaktion. Da kann auch ein Wohnzimmer, Typ «Riga», nicht auf die Dauer trösten. Die jungen Leute streben in Scharen ins westliche Ausland.

Das Ende des Realsozialismus nahte, als die Produktivität sogar des Sonderkomplexes nicht mehr ausreichte, um als militärische Weltmacht mitzuhalten, und als das verworrene Kabelnetz jede Wirtschaftstätigkeit lahmlegte, so daß das Land nicht mehr zureichend ernährt und zivilisatorisch versorgt werden konnte.

Aber haben wir nicht hinreichend oberflächlichen Vulgärmarxismus gelernt, um zu wissen, daß diese Beschreibung nicht genügt? Sie erklärt nicht den Umschlag in den Köpfen, und sie erklärt nicht, wann. Schon gar nicht erklärt das Modell, wie der Umschlag ohne gewaltsamen Widerstand der Herrschenden erfolgen kann, die bei einer beliebigen Änderung des verkrusteten Zustandes den Sturz ins gesellschaftliche Nichts zu erwarten haben.

Hier setzt als Katalysator die Gorbatschowsche Wende ein. Sie ist ganz ausdrücklich auf den Umbau des Systems unter Wahrung der Machtverhältnisse (Bewahrung des Sozialismus, der Leninschen Ideale) gerichtet. Er sucht den New Deal zwischen den Schichten der machtausübenden und der strukturstabilisierenden Intelligenz. Freiheit der Meinungsbildung und -äußerung (Glasnost) soll die klagenden marginalisierten Intelligenzschichten besänftigen. Für den Motivationsschub bei den Handarbeitenden fällt ihm nichts Rechtes ein: Erst probiert er «Beschleunigung» der wissenschaftlich-technischen Revolution, dann Alkoholverbot und Einhaltung der Arbeitszeit, schließlich Würstchenbuden mit hohen Preisen. Dann resigniert er. Liebäugelt mit den Konservativen. Das Volk verhält sich passiv.

Im Gegensatz zum Ausland, wo ihn die Popularitätswoge bis zum Nobelpreis emporträgt, ist er zu Hause von Anbeginn an unbeliebt. Alle Körpersignale, die ihn uns im Westen auf Anhieb sympathisch machen, die offenen Gesten, die südrussische Suada (deren provinzielle Lautung wir Ausländer nicht mithören), das Sichaufpumpen, In-Szene-Setzen, alles bewirkt nur mißtrauische Zurückhaltung bei seinen eigenen Leuten. Schon die ersten Fernsehbilder (Treffen mit Werktätigen in Wladiwostok) vermittelten diesen Eindruck einer unüberbrückbaren Distanz: Er hatte nicht den richtigen «Stallgeruch»; sie scheuten vor ihm. Er ist zu sehr «Intelligent»; sie trauen ihm nicht. Es ist das alte Los des Narodniks (Volkstümlers), vor dem die Muschiki die Mütze ziehen, ohne wirklich beeindruckt zu sein.

Aus der Ratlosigkeit befreit ihn die Karikatur eines Staatsstreiches. Sie zeigt den Motivationsverfall der herrschenden

Schicht, nichts sonst. Jedes ihrer Mitglieder sagt: So kann es nicht weitergehen, ich bin smart genug, um auf die Beine zu fallen – und verweigert sich. Ein Staatsstreich, dessen Subjekt interessiert den Ausgang abwartet, kann nicht gelingen. Er gerät statt dessen zur Machtübergabe – an wen? An eine Koalition von Gruppen, die sich aus der Retransformation in den Kapitalismus Vorteile erhoffen, bei Antritt der Fahrt zur Stelle sein wollen, ohne selbst an der festgefahrenen Karre zu ziehen. Das Modell dieses Überganges ist die Privatisierung einer Kaviarfabrik mit westlicher Hilfe: Kaviar wird in Paris immer gekauft, das Ausgangsmaterial beschaffen wir uns umsonst (durch Abfischen), Effizienz erzielen wir durch kreditierte Investitionen (moderne Preservierungstechnik) und durch Freisetzung aller herumlungernden, verdeckt arbeitslosen Werktätigen (uns selbst, das Management, ausgenommen). Der Westen speist unser Produkt in seine Marketingnetze, und ab geht die Post ins Reich der Freiheit!

Leider wird das so nicht funktionieren. Das Volk wird nicht mitspielen. Die Natur auch nicht – verdorbene Fischgründe. Die Polizei wird die öffentliche Sicherheit nicht garantieren können. Mafia wird Geld abschöpfen. Und der Westen wird nicht investieren, bevor nicht ein autoritäres Regime für Ruhe und Ordnung sorgt.

Es ist ausgeschlossen, daß in Rußland eine funktionierende Wirtschaft ohne starken Staat entsteht. Und der setzt autonom (föderal) funktionierende Teileinheiten voraus. Und funktionieren werden sie nur, wenn die Bevölkerung zufriedengestellt und die Mafia ausgetrocknet wird. Der Anfang dieses Prozesses setzt sein Ende voraus. Catch 22.

So sind wir skeptisch und doch hoffnungsvoll malgré tout, daß das Wunder geschehen möge.

# 4
# Die Arbeiter- und Bauernmacht oder Das undankbare Volk

## Intelligentsia und «Volk»

Die soziale Analyse des administrativen Kommandosystems der Spätzeit ist schwierig, weil unverfälschte Daten selten sind. Sie ist aber andererseits einfach, weil die Sozialstruktur im Vergleich etwa zu den westlichen Gesellschaften sehr homogen, nahezu amorph ist und weil es einen Bereich gibt, in dem Gesellschaft und Wirtschaft fest gebündelt sind: die Politik. Vom politischen Verhalten läßt sich ganz anders als im Westen die Sozialstruktur ablesen.

Politisch, das heißt in ihrem Verhältnis zur existierenden Machtstruktur, war die Intelligenz in mehrere unterschiedlich starke Gruppen gespalten. Ein erheblicher Teil waren natürlich überzeugte Anhänger des Systems. Hierzu gehörten zahlreiche Mitglieder der Partei und des «höheren» Machtapparates. Ein weiterer Teil verhielt sich «überzeugt», stand aber zur «Umkristallisation» (Bahro) bereit. Eine dritte, wahrscheinlich die größte Gruppe verhielt sich angepaßt bis unpolitisch. Sie hatte Angst vor den existierenden Machtstrukturen, in den späten Jahren sogar mehr Angst, als dem tatsächlichen Gewaltpotential angemessen war, konnte aber erheblichen politischen Druck entfalten, wenn vitale materielle und geistige Interessen tangiert waren. Die von Zeit zu

Zeit anschwellende Ausreisebewegung in der DDR wurde von dieser Gruppe stark mitbestimmt und war für die Machthaber äußerst unbequem. Die vierte, kleinste Gruppe bestand aus aktiven «Dissidenten» und «Reformern», die energisch Änderungen verlangten, während die anderen dagegen waren oder zumindest zu äußerster Vorsicht rieten. Es gab da allerdings eine Unschärferelation: Das mathematische Produkt sozusagen aus politischer Deutlichkeit und Radikalität der angemahnten Reformen konnte einen gewissen Grenzwert nicht überschreiten. Man durfte zum Beispiel nicht laut und energisch eine Abschaffung des ganzen sozialistischen Systems fordern, weil das sofort die Abwehr mobilisierte und auch motivierte. Wer so vernehmlich wie Wolf Biermann oder Robert Havemann protestierte, mußte notwendig sozialistischer Reformer bleiben. Das ist nicht taktisch gemeint, denn nur so hatte man eine politische Überlebenschance, die Systemradikaleren wurden einfach weggeräumt. Havemann und Biermann bekamen Hausarrest, weil sich die Entscheidungsträger in Hagers ZK-Sekretariat genierten, ganz brutal auf Marxisten einzuschlagen.

Trotz dieser Spaltung stimmten die Vertreter der Intelligenzschicht in der Lebensweise, den Ansprüchen und Wünschen weitgehend überein, wie auch in ihrem Verständnis von dem, was «die da oben» wollten. Natürlich gab es auch intensive persönliche Kontakte über die politischen Meinungsgrenzen hinweg. Für alle hatten zum Beispiel berufliche Kontakte ins Ausland, Zugang zu westlicher Literatur einen hohen Stellenwert, was für andere soziale Schichten von geringerer Bedeutung war. Diese Übereinstimmungen in der Lebensauffassung erleichterten in der kritischen Phase einen «verhandelten» Zusammenbruch des Systems, zum Beispiel in Ungarn. Wo diese Differenzierung der Intelligenz nicht vorhanden war, wie in Rumänien, gelang der Übergang nicht. Er wurde blutig und blieb unvollständig.

Auch die übrige Bevölkerung, «das Volk», verhielt sich selbstverständlich nicht politisch homogen. In Polen ergriff die Arbeiterschaft sehr nachdrücklich die Initiative und ging auf ein Bündnis mit «Beratern» zu. Als dieses Bündnis stand, wurde die Bewegung in dem Sinne konstruktiv, daß Verhandlungsergebnisse und Kompromisse möglich wurden, die die Stellung der Herrschenden unterminierten. In den übrigen Ländern verhielt sich die Bevölkerung recht passiv. Die Charta 77 etwa war jahrelang total isoliert, die Dissidentenbewegung in der Sowjetunion wurde von der Mehrheit der Bevölkerung ausdrücklich abgelehnt, sogar gehaßt. Das gilt auch für die «eigenen» Leute: Sacharow und Solschenizyn waren alles andere als Idole für breite Kreise der Intelligenz.

«Das Volk»: Dieser Begriff ist bei der Beschreibung der sozialistischen Gesellschaft eher anzuwenden als bei den differenzierteren Gesellschaften außerhalb. Es gibt nicht die scharf klassifizierende Eigentumsordnung. Nahezu alle Einwohner, einschließlich der Frauen, waren abhängig berufstätig. Dabei bestanden keine grundsätzlichen Unterschiede zwischen Arbeitern und Angestellten der unteren Ränge. Die politische Führung war oder gab vor, monolithisch zu sein, nicht pluralistisch. Deshalb war ein so einfaches demoskopisches Merkmal wie: «Ich bin für (oder gegen) die da oben!» eine gute Richtschnur, was im Westen eine rein emotionale, unpräzise Anfrage wäre. Diese Erkenntnis leitete auch das närrische Interesse der Herrschenden, genau mit dieser Frage bei den Wahlen mit allen Mitteln 100,1prozentige Zustimmung anzustreben. Eine geduldete Minderheit von ursprünglich auch nur drei Prozent hätte augenblicklich einen Schneeballeffekt ausgelöst und wäre zur zeitweiligen Mehrheit angewachsen. Der temporäre Massenzulauf zu den Bürgerbewegungen in der DDR und der ČSSR hat dieses Urteil bestätigt.

Das Volk verhielt sich im Gegensatz zur politisch engagierten Intelligenzschicht politisch nahezu vollständig neutral. Genau gesprochen: Es wartete auf Wortführer. Davor gab es passiven Widerstand und gelegentlich ein murrendes Donnergrollen, wenn es ums Eingemachte ging. Das Eingemachte waren in der DDR offenbar Bettwäsche- und Kaffeepreis, über die es fast zu Aufständen gekommen wäre. Auch Reisevisa und Valutaumtauschsätze waren sensible Größen. In Polen rief der Fleischpreis einige Male Unruhen hervor (1976, 1980).

Das Volk wartete also. Dabei verteilte es mit erstaunlichem taktischem Geschick seine Sympathie auf einer zeitlich gleitenden Skala. In Ungarn war das sehr deutlich sichtbar, wo die Sympathien von patriotischen Kommunisten wie Kádár über Reformkommunisten (Pozsgay) langsam über sozialistische, sozialdemokratische, liberale bis zu konservativ-marktwirtschaftlichen Parteien glitten. Die furchtbare Erfahrung des Herbstes 1956 hat eine stets wache Vorsicht hervorgebracht, die «Schmerzschwelle» der Moskauer Dogmatiker nicht zu überschreiten.

Nach allem, was ich selbst über viele Jahre in den Ländern des Realsozialismus beobachtet habe, war – mit Ausnahme der Sowjetunion – die Bevölkerung überall mehrheitlich zur «Umkristallisation», zur Abschaffung des Systems bereit. Aber die Umstände erlaubten es nicht. Und man wollte, mit den Erfahrungen von 1953 (DDR), 1956 (Ungarn und Polen), 1968 (ČSSR und Polen), 1970 (Polen), 1981 (Polen) im Hinterkopf, daß dies taktisch gewandt erfolgen sollte. Man erwartete das von liberalen Änderungen in der Sowjetunion und von geschicktem Taktieren eigener Führer. Gorbatschow, Kádár, Modrow und andere «Gemäßigte» verdanken ihre zeitweilig hohe Akzeptanz diesem Erwartungsfeld.

Das Warten auf die geistige Führung war durchaus ambivalent. Man sieht das am besten am Beispiel Böhmens. Die nationale Wiedergeburt im 19. Jahrhundert war dort ebenfalls eine katalytische Leistung der Intelligenz, vom Dorfschullehrer und Dorfgeistlichen bis zum patriotischen Kleinbürger, Verwaltungsbeamten, Geistlichen in den Städten. Das Volk hob 1918 einen Philosophen, Tomáš Garrigue Masarýk, auf den Präsidententhron. Das war die Tradition, die dort der Intelligenz eine ganz andere Rolle zuwies als etwa in der DDR.

Das Volk war auch 1989 bereit, Václav Havel zum Helden des gelungenen Aufstandes zu machen und wiederum, Vorbild 1918, einen Intellektuellen auf den Präsidentenstuhl zu setzen. Sogar Alexander Dubček, bei aller Reserve vor seiner kommunistischen Gesinnung, wurde Parlamentspräsident, als Lohn für seinen Versuch, 1968 die Änderung der Verhältnisse einzuleiten.

In scharfem Kontrast dazu steht das Verhalten vor 1989. Havel und die Intellektuellen der Charta 77 waren isoliert und weithin unbeachtet. Sie waren erbärmliche Tagträumer ohne Unterstützung in der Bevölkerung. Der moralische Heros der Befreiung ist vorher mehrere Male als Krimineller ins Gefängnis gegangen, auch noch zu Zeiten, als ein hörbares Murren in der Bevölkerung längst Wirkung bei der verunsicherten Führung gezeigt hätte. Ich fühle mich, bitte mutatis mutandis, mit aller Reserve und allen Einschränkungen, an das Verhalten von Weibchen mancher Tierarten erinnert, die dem Kampf der Männchen gleichmütig zusehen und dann ebenso gleichmütig den Sieger zum Partner wählen.

Bevölkerung also in schweigender Mehrheit, die auf Vorschläge und Angebote wartet. Sie will fundamentale Änderungen, aber auf vorsichtig konservativem Wege. Solange die in den Büroetagen ruhig bleiben, bleibt sie es auch, vorausgesetzt, die Herrschenden trampeln nicht unerträglich auf Hühneraugen herum.

Das Volk im Dauerregen von wohlgedrechselten Sätzen. In den Zeitungen liest es nur die Sport- und die Lokalseite. Auf den übrigen Seiten prasselt Wortregen. Man muß sich klarmachen, daß jemand, der diese Seiten überblättert und der die Ohren zuklappt, wenn er «die Intis» mit «den Bonzen» debattieren hört, zwischen beiden nicht unterscheiden wird. Es ist so schwierig, als wolle man in einer fremden Sprache, die man nicht bis in die Wurzeln kennt, Dialekte unterscheiden und deren Merkmale sortieren.

Daraus läßt sich ableiten, wie die Rede eines Pastors wirken muß, der nach der Wende eine Partei gegründet hat. Wenn er nicht ganz unmißverständliche Signale setzt und nicht den Bundeskanzler neben sich stehen hat, sondern von Verfassungsdemokratie und ziviler Gesellschaft spricht, dann muß der am abstrakten Wort uninteressierte Mensch den Eindruck bekommen, daß schon «wieder so ein Schwätzer das Wort hat, wie schon seit vierzig Jahren».

## A kto ty, jevrej, shto li?
## Also was bist du, ein Jude vielleicht?

Er war einer von den «Schwarzen», den tchornye, aus der Unterstadt. Dafür, daß sie schwarz heißen, gibt es mehrere mögliche Erklärungen. Vielleicht die dunkle Hautfarbe, die Einmischung von nichtrussischen Völkerschaften des Südens oder Mittelasiens verrät. Oder der finster abweisende Blick des Proletariers (in Rußland ist ohnehin der durchschnittliche Gesichtszug verschlossener, brummiger als in Deutschland: um so überraschender, wenn sie dann den etwas beklommenen Erwartungen bei näherem Kennenlernen so gar nicht entsprechen). Schließlich auch der unvermeidliche dunkle Anzug mit weißem Hemd, offenbar nach der Revolution zur Erhöhung der Kultur der Städtermassen eingeführt. Er wird auch vom völlig heruntergekommenen Alkoholiker getragen.

Ich war also Jude. Mit meiner hellen Haut, den hellen Augen, der Brille, vor allem jedoch mit meinem Russisch, das so gar nichts mit ihrer Sprache zu tun hatte. Es war nicht die Aussprache, der Akzent, der ihn zu seiner Vermutung brachte. Quere Akzente sind in dem Vielvölkerstaat mit ständiger Bevölkerungsbewegung und Verkehrssprache Russisch so häufig, daß die Einheimischen sie gar nicht richtig wahrnehmen, jedenfalls nur selten daraus Herkunftsdiagnosen ableiten können.

Der Verdacht kam wohl auf, weil ich Russisch, als gelehriger Schüler von Pawel Iwanowitsch Lehmann, als diskursive und nicht als agglutinierend-interjektionelle Sprache verwende. Meine Sätze haben Subjekt, Prädikat, Objekt, Attribut, Adverbialbestimmungen. Es sind die literarischen Sätze des Ausländers, mit gestelzter Konjugation und Deklination, sozusagen Cicero-Latein auf russisch.

Zum Verdacht führte auch, daß ich ein Bücherwurm bin. Ich hatte meinen Langenscheidt verloren, das einzige Wörterbuch, das mit einem einigermaßen übersichtlichen Nummernsystem Beugung und Betonung der russischen Wörter direkt im Verzeichnis klarstellt, so daß man sofort weiß, wie es zu verwenden ist, wenn man es aufsucht. Als Ausländer, versteht sich. Denn kein Russe hat diese analytische Vorstellung. Besonders die Betonung ist eine Meisterleistung des Sprachgefühls, unzugänglich jedem, der nicht als Kind in diesem Lande aufgewachsen ist.

Den Langenscheidt also hatte ich verloren und war verzweifelt. Auf Anraten von Anna Ignatjewna hatte ich einen Aushang am Eingang des Kaufhauses «Sputnik» angebracht. Nach Tagen kam ein Telefonanruf, der so unartikuliert gebellt war, daß ich nur verstand, ich solle mich neben der Schnapsverkaufsstelle des «Sputnik» einfinden. Dort traf ich auf ihn, Wasja (wie er sich vorstellte). Er fragte umständlich, ob ich etwas vermisse, und zog nach längerem Palaver das Wörterbuch aus der Jackentasche und fragte, als ob er es mir zum Kauf anböte: «Wieviel willst du anlegen?» Und nachdem wir handelseinig geworden waren, ich für fünf Rubel mein kostbares Wörterbuch wiederhatte, stellte er die Frage «nach der Nationalität». Jude also, so nah sind wir Deutschen den Juden, die wir vor fünf Jahrhunderten aus unseren mittelalterlichen Städten in den Osten verjagt haben, wo sie neben der deutschen Sprache (Jiddisch) auch Kleidungsgewohnheiten und andere Sitten und Verhaltensweisen so sehr bewahrten, daß der Russe mich augenblicklich als Juden einreihte.

Aber es muß nicht mein mittelalterliches Restaussehen allein gewesen sein. Es ist einfach der Gesichtsausdruck des «Intelligent», der Juden und alle anderen «Gebüldeten«

augenblicklich taxierbar macht. Jude und Intelligenz geht für viele synonym, und die rationale Abneigung gegen die Spinner in der Verwaltungsetage, die schön warm sitzen und alles besser wissen oder mit den Achseln zucken, weil sie auch nichts für die blödsinnigen Kommandos von oben können, findet ihr irrationales Widerlager in der Abneigung gegen den Juden, den ewigen Wucherer, Geldwechsler und Advokaten, der jeden warmen Posten für seine Sippe besetzt hält und keinen Einheimischen darauf läßt. Der Judenhaß der einfachen Leute ist für die Herrschenden bequem, weil es von ihnen selbst ablenkt. Die Juden haben Rußland verdorben, das gute alte, heilige Rußland, so behaupten die Pamjat-Leute, sie haben die Revolution gemacht, sie haben ihren Davidsstern in die heilige Fahne Rußlands gepflanzt. Alle Revolutionäre waren Juden, alle diese Zederbaum, Apfelbaum und Bronstein mit den ganzen gut russisch klingenden Decknamen; selbst Lenin war, wenn nicht zur Hälfte Deutscher und zur anderen Hälfte Kalmücke, wer kann das schon genau prüfen, vielleicht auch noch Jude.

Ich habe unter den Russen gelernt, wie Haß auf Intelligenz und Haß auf Juden sich gegenseitig vertreten können. Ich habe auch gesehen, mit wieviel realem Unterfutter das irreale Vorurteil gepolstert ist. Bei den Zulassungen zur Universität tobt der Kampf. Da gibt es jüdische Institute und lupenrein russische. Weil die einen die ihren bevorzugt aufnehmen, polemisieren die anderen gegen sie. Findest du als Jude beim Aufnahmeexamen trotz vieler «Bälle» (Punkte) keinen Zulaß, dann muß dein Verwandter in einem anderen Institut aushelfen, wo sie die Benachteiligung wieder umbiegen. Und umgekehrt. Vor einigen Jahren führte ein russischer Mathematiker (ein hochbedeutender, weltbekannter) einen offenen

Feldzug gegen die «verjudete» Mafia auf den Universitäten. Das ging mit Hieb und Gegenhieb in den führenden Fachzeitschriften. Aber viel häufiger ist die stillschweigende Diskriminierung oder Bevorzugung. An den Vatersnamen erkennen sie den Juden, auch wenn Familienname und Vorname «getarnt» sind (Grigorjewitsch soll so ein Vatersname sein, obwohl Gregor eigentlich ein normaler christlicher Name ist); umgekehrt erkennen sie an den patriotischen Vornamen (Gleb etwa, oder Kirill) den fanatischen Großrussen und wissen ihn augenzwinkernd auszusondern.

Es gibt im konservativen Apparat ein Interesse daran, die Volkswut auf die Juden umzulenken. Sogar Sacharow sei einer, ließen Parteileute in den siebziger Jahren durchblicken. Je schwieriger es ist, die Nationalität Jude nach Jahrzehnten der Vermischung und nachdem die Umtaufe auf russische Namen in den zwanziger und dreißiger Jahren geduldet und sogar gefördert wurde, aus dem «fünften Punkt» des Passes zu rekonstruieren, so leicht ist es, den Verdacht auszusprechen, denn auch ein Nikolai Petrowitsch Iwanow kann ein «reinrassiger» Jude sein.

In der DDR war der diskriminierende Antisemitismus weniger entwickelt, einfach mangels Juden. Aber es gab ihn. Gerade in Berlin hatte ich viel mit Juden zu tun, heimgekehrten Emigranten und ihren Nachkömmlingen, und ich habe erfahren, daß die Vergabe von leitenden Stellen in eine andere Richtung beeinflußt wurde, «wegen zionistischer Tendenzen» des aussichtsreichsten Kandidaten, wie es genannt wurde. Auch in Polen ist das alles unterschwellig vorhanden, in Ungarn, in Rumänien.

Juden und Russen, Apparat und Nomenklatur, Intelligenz und Arbeiter: Spielmarken, die im politischen Untergürtellinienkampf eingesetzt werden.

Ihrer überkommenen Beschreibung bei den Marxisten nach sind sie Zwischenschicht. Ein Teil Lohnempfänger, ein Teil freier Unternehmer, Kleinstunternehmer, mit der eigenen Arbeitskraft spekulierend. Dieser kapitalistisch arbeitende Teil – Schriftsteller zum Beispiel, Theaterleute – ist bockig, systemkritisch. Der proletarische Teil verkauft mit der Arbeitskraft auch seine Gesinnung und wird systemstabilisierend: Beamte, Juristen, Lehrer. So gehen soziale Stellung und Gesinnung quer durcheinander. Auf Intelligenz ist kein Verlaß.

Was immer auch zutrifft oder nicht zutrifft an dieser Analyse: Zwischenschicht auf beiden Seiten der Barrikade waren sie auch im Sozialismus.

Ihre soziale Stellung konnte den Kopf nicht festlegen. Im gleichen Institut, in der gleichen Forschungsabteilung, zwei gleichaltrige Mitarbeiter, Physiker meinetwegen oder Elektronikingenieure: Einer geht auf den Parcours, nimmt die Karriere, tritt in die Partei ein, wird befördert; der andere verweigert sich, gräbt sich in die Arbeit ein, verachtet die Bonzen, freut sich, daß er nicht ständig zur Versammlung gerufen wird, mit den Jahren allerdings entwickelt er eine feste Ablehnungsstruktur und wird dabeisein, wenn im Winter 1990 die neuen Gruppen sich formieren, Bürgerbewegungen, SPD, DSU, Liberale. Wie in der Retorte: Rote Socke, Wendehals, Regimegegner – alle aus der gleichen Brut. Politische Entscheidung, von individuellen Präferenzen determiniert und nicht durch die ökonomisch-soziale Lage. Bewußtsein formiert sich selbst und bestimmt das gesellschaftliche Sein.

Das funktionierte reibungslos. Nur hatte jeder zwar kleine,

aber unentfernbare Widerhaken im ideologischen Gebälk. Der Karriere machte, würde in zehn oder zwanzig Jahren, wenn der glanzvolle Jugendschmelz abgeschabt ist und der Wind den mittleren Jahren ins Gesicht bläst, feststellen: Irgend etwas fehlt mir. Der Stallgeruch. Sie halten und schieben mich stets in wichtige Positionen, aber immer subaltern. Selbst als Staatssekretär. Selbst als Mitarbeiter des ZK-Abteilungsleiters, ein Posten, der alle Kollegen draußen im Land ausnahmslos zum Katzbuckeln zwingt, aber trotzdem immer nur einen Sitzplatz zu Füßen des Throns einbringen wird. In der Nähe des Fußes, der auch einmal einen Tritt austeilen kann.

Der Widerhaken also: Der Hegemon, der Apparatschik, obwohl sich gern mit akademischen Ehren schmückend, verteidigt seine Stellung als Hochadel durch Selbstreproduktion. *Sein* Sohn macht die Karriere, über die Kreisparteileitung, in endlosen Rauchsitzungen, abends gemeinsames Bier. Ins Machtzentrum kam nur der passende Typ, nicht jeder hergelaufene Intelligenzler.

Der Widerhaken des anderen ist struktureller Natur: Intelligenz als Stand definiert sich durch berufliche Qualifikation. Und die kann man nur erwerben, wenn man in ein funktionierendes System eingebettet ist. Auch die Kinder werden den Studienplatz nur erhalten, wenn die Eltern unauffällig funktionieren. Unausweichlich erzwingt das alles Kompromisse oder Zuflucht zu Protektion. Regimekritisch darf man nur nach Feierabend sein, wenn man das ARD-Programm anschaut, oder in der Staatsbibliothek, wenn man das westliche Computermagazin oder «bild der wissenschaft» liest. Sobald man das in die Berufssphäre einbringt, wird man (nach einer gewissen Schonfrist, auch hier spielt Jugendschmelz eine Rolle) ausgewiesen, an den Rand gesetzt. Der anfängliche Vorteil, daß ich mich mit Differentialgleichungen befassen darf, während der karrierespringende Studienfreund zur FDJ-Bezirksleitungssitzung fährt, verwandelt sich unmerklich in einen Rückstand. Mein aktuelles Wissen ist abstrakt, angelesen, nicht mehr auf der Höhe der Zeit. Er aber ist Reisekader und fährt auf die Westkongresse, wo er beim Smalltalk erfährt, daß jene technologische Linie, die noch alle Journale füllt, bereits auf dem Abstieg ist, weil nämlich . . . und daß diese wissenschaftliche Gruppe voraussichtlich groß im Kommen ist. Er sammelt Kontakte, tauscht Informationen aus, lädt den kommenden Nobelpreiskandidaten in die DDR ein, wo er ihm zwar keine umwerfenden Forschungs- oder Fertigungslabors vorweisen kann, aber eine wunderbare Rundreise durch die alternative Welt der DDR. Damit er ihn empfangen darf, braucht er eine Genehmigung und eine bestätigte Besucherdirektive, und das zwingt ihn früher oder später dazu, sein Verhältnis zu «Horch und Guck» auf eine sachliche Zusammenarbeitsbasis zu stellen . . .

Mit einem Wort, man könnte seitenlang so fortfahren: Intelligenz, besonders die naturwissenschaftlich-technische, gedeiht nicht auf Dauer in Oppositionsstellung, weil ihr Arbeitsgegenstand, ihr Definitionsgrund, auf stabilisierende Wechselwirkung mit der umgebenden politischen Struktur angewiesen ist. Das ist das Dilemma jedes Intelligenzlers in einer rational konstruierten Gesellschaftsordnung (rational heißt nicht effizient, bitte keine Mißverständnisse!). Ein Dilemma, von dem die Putzkraft im gleichen Betrieb meilenweit entfernt ist. Ohne mit ihrem Dasein als Reinigungskraft in Widerspruch zu geraten, kann sie «kontra» sein, kann ebensogut neutral bis gleichgültig sein, kann sich «wegen der sozialen Vergünstigungen» sogar einen Kopfsozialismus leisten (allerdings instabil, wenn sie nämlich etwas auf dem Kasten hat, wird sie bald über die Branchengewerkschaft, FDJ-Gruppe oder Parteigruppe aufsteigen und aufhören, unten zu sein). Die Putzkraft hat nur ihre Arbeitskraft (eben die Putzkraft) zu verkaufen, während der Ingenieur «von der Arbeiterklasse zum Studium delegiert werden muß», bevor er Ingenieur wird, entsprechend dankbar zu sein hat und als undankbar eingestuft wird, wenn er das nicht einsieht, und auch noch auf die Arbeiterklasse angewiesen ist, wenn er ein Ingenieur bleiben will, der diese Bezeichnung verdient.

So sagt sich der Diplom-Ingenieur: Ein System, in dem ich fünfzehn Jahre auf ein veraltetes kleines Auto warten muß und am Computer immer zwei Generationen hinterher bin – das ist nicht mein System. Was immer dort an Schwierigkeiten wartet, es ist besser da drüben, und deshalb bin ich hier dagegen. Komparativ. Ich bin das Volk. Ich bin für Marktwirtschaft.

Das ist sein gutes Recht. Aber «zum Volk» gehört er nicht nach freiem Entschluß. Diese Mitgliedschaft muß er sich erst hart erarbeiten. Den Lohn dafür wird er aber nicht erhalten, weil er mittlerweile den Berufsstand (das Berufswissen) eingebüßt hat. Also ist Frust programmiert.

In der rational konstruierten sozialistischen Gesellschaft

- wird die Macht sich als Intelligenz verkleiden,
- wird die Macht sich wissenschaftlich geben, das heißt vorgeben, im Besitz der Wahrheit und der Methode, besser als die Arbeiter und Bauern zu wissen, wie die Arbeiter- und Bauernmacht zu gestalten ist,
- wird die Intelligenz zum Pakt mit der Macht genötigt,
- wird der widerstrebende Intelligenzler tendenziell deprofessionalisiert, abgewickelt. Übersteht er die Wende, so wird er tendenziell nachabgewickelt. Natürlich gelingt es vielen,

durch die Reuse ins neue Becken zu kommen, hinreichend geschickt sind viele von ihnen. Dann sind sie daheim bei der West-Intelligenz.

## Die Grundlüge des Kommandosystems

Die Lebenslüge des Kommandosystems ist nicht so sehr, daß es angeblich kein Kommandosystem sei. Damit könnte man leben; das ist eine direkte Lüge. Ein Satz wird negiert, na und?

Die Lüge ist viel komplizierter. Sie ist in sich verwrungen.

Die Konstruktion ist schon von Marx vorgedacht worden, allerdings ohne Einzelheiten, summarisch, Diktatur des Proletariats.

Sie besteht darin, daß die Beherrschten die Herrschenden sind und die Machthaber die Diener. Vorgeblich.

Jeder gelernte DDR-Bürger kennt den Scherz: Man legt die drei mittleren Finger auf den Tisch, Daumen und Kleinfinger stecken fest anliegend unter der Kante. Dann sagt man mit gehobener Stimme: «Arbeite mit, plane mit, regiere mit!» und hebt bei jedem Teilsatz einen Finger. Zuerst den Zeigefinger, dann den Mittelfinger und beim Regieren den Ringfinger . . .

So stand schon im ersten Satz der Verfassung eine Lüge: Die Deutsche Demokratische Republik ist ein Staat der Arbeiter und Bauern.

Das wäre ja vielleicht noch gutgegangen, wenn alles andere auch gelogen wäre. Orwell.

Orwells Reich funktionierte aber nur, solange die Grenze zu den Bösen, den anderen, absolut dicht war. Es hätte vielleicht in der Sowjetunion gelingen können, wenn Hitler sie nicht aus der autistischen Selbstisolation herausgerissen hätte. Ostmitteleuropa zu schlucken – das war Stalins fundamentaler Fehler. Das hat den Untergang zu einer Springfalle gemacht, die irgendwann einmal zuschnappen würde. Die Isolierung gelang nicht mehr.

So mußte man sich damit einrichten, daß der eine Satz normal wahr und der andere dialektisch wahr war und daß die einander auslöschenden Wahrheiten nebeneinander koexistierten.

Die Grundlügen über die Macht der Arbeiter und Bauern verlangte sofort eine verkleisternde Ideologie. Sie zwang auch dazu, einen bedeutenden Teil der praktischen Alltagspolitik danach zu gestalten. So mußten Restfreiheiten belassen werden, etwa für das Proletariat die Freizügigkeit der Arbeitssuche in der ganzen riesigen Sowjetunion. Alle Versuche, dies irgendwie über «innere Pässe», Meldebögen oder Arbeitsplatzbindung zu beseitigen, scheiterten letzten Endes. Man mußte den aufmüpfigen Arbeiter losziehen lassen, in den hohen Norden, in die Zelina (Neulandgewinnung), in die Armee, zur BAM und nach Tjumen ins eisverpackte Erdöl. Weg war er, aber das war erträglicher, als wenn er Streiks organisiert hätte. Die Wanderschaft großer Teile der männlichen Bevölkerung war ein Mentalitätserbteil aus dem Zarenreich, das über Jahrhunderte mit den Herumziehenden (den «Stranniki») zu kämpfen hatte und nie obsiegte: Der Georgstag im November, an dem sie abhauen durften, nicht aber vorher, in der Entezeit, dieses Datum ist das Vorbild der Kompromißlinie, die auch die Nomenklatura nicht verlassen durfte.

Im Spannungsfeld von Welt A (enthält normal wahre Sätze) und Welt B (enthält deklariert wahre Sätze) befand sich auch der ganze Firlefanz mit der Rolle der Gewerkschaften, Transmissionsriemen und gleichzeitig Auffangbecken für Unmutsausbrüche (elastische Reaktion, Lohnerhöhungen, anschließend Rädelsführer unter vorbereiteten Vorwänden einbuchten), der Kult des sozialistischen Wettbewerbs. Die Frage eines rational optimierungssüchtigen Kopfes war stets: Warum treiben sie den ganzen unsinnigen Aufwand? Daß da irgendwo die Arbeitswut der Massen stimuliert wird, ist doch offensichtlicher Humbug! Hier ist die Antwort: Es war alles Fugenkitt an einer kritischen Rißstelle zwischen Welt A und Welt B.

So ist auch verständlich, weshalb kleine Wahrheiten dem Bestand der Ordnung so gefährlich werden konnten. Orwell hat das auch beschrieben, anhand einer menschlichen Beziehung, die per Definition ausgeschlossen war und doch stattfand. Kleine Wahrheiten waren systemsprengend, wenn sie den Widerspruch zwischen den beiden Welten klarstellten. Ebenso kleine Proteste, wenn jemand sich der Konstruktion verweigerte. Havels Aufruf, im Alltag ganz einfach «in der Wahrheit zu leben», in Welt A also, und Welt B sich selbst zu überlassen, war ein revolutionäres Kurzprogramm. Ohne es auszusprechen, verwies es auf die Grundlüge. Eine kleine Novelle, ein Gedicht, ein Film konnte diese Wirkung entfalten.

Ein ungedecktes Treffen beider Wahrheiten führte stets zu einem zischenden Kurzschluß.

Immer war es ein Intelligenzler, der den Kurzschluß im Getriebe auslöste. Weil sich diese Berufsgruppe mit abstrakten Propositionen befaßte und ständig auf den Widerspruch in der abstrakten Welt stieß. Welt C, die konkrete Alltagswelt, ist nämlich wenig empfindlich gegen Wahrheiten, sie ist Realität, ohne Urteilswert einfach vorhanden. Die These von der Arbeiter- und Bauernmacht kollidierte nicht mit Sonne und Gestirnen oder damit, daß die Spinne seltsamerweise acht

Beine hat. Wo es knirschte, das war in der abstrakten «Widerspiegelung» (marxistischer Grundterminus) der Realität; dort stießen nämlich Welt A und Welt B aufeinander und negierten sich kontradiktorisch.

Der Technokrat ist in Welt A verhakt, der Bonze in Welt B, die Verkäuferin und der Transportarbeiter bleiben in Welt C. Gleicht man A und B einander an, indem man die völlig inkompatiblen Lebenslügen zurückzieht, dann brechen neue Rißstellen auf.

# 5
# Larve und Imago oder Die zwei Leben der Stasi

## Larve und Imago

Die Staatssicherheit hatte zwei Leben. Eines war das einer fleischfressenden Raupe, das andere das einer papierfressenden Imago. Erst Massengräber, dann Aktenberge. Die Hinrichtung von Stalins Geheimpolizeichef Berija markiert die Wende. Über die Leichenberge gibt es keine Akten, hinter den Aktenbergen verschwinden die gebrochenen Menschen. Die späte Stasi produzierte paranoid Wahnsinnige, seelisch Zerstörte, nicht mehr Leichen. Humanisierung der Behördenernährung.

## Der Zauberbann ist gebrochen

Langsam verblaßt die Erinnerung. Es war ein Alptraum, in dem alles alltägliche Gegenständlichkeit besaß. Keine Traumwelt, die beim Aufwachen das Verwundern hinterläßt, wie man so gebannt sein konnte, daß man sie nicht gleich durchschaut hätte. Nein, der Traum war lebensecht, er imitierte Realität.

Es gibt noch viele unter uns, die kaum glauben können, daß das Ungeheuer erlegt ist, daß es nicht mehr um die nächste Ecke auftauchen und erneut das tägliche Opfer verlangen kann. Sie fürchten die Staatssicherheit immer noch als Geheimbund, der weiterexistiert, mit gezielten Schlägen die Gesellschaft desorganisiert und die Verschwörung vorbereitet.

Diese Menschen sind nicht hysterisch und nicht paranoid. Ihr Kennzeichen ist, daß sie die Erinnerungsbilder, die seelischen Imprints, nicht so schnell löschen können.

## Denkmalssturz

Felix Edmundowitsch war in der Sowjetunion eine Art Geist, den man besser nicht beim Namen nannte. Der polnische Fremdling, der diesen Kraken erzeugt hatte, diesen Drachen mit den vielen Namen. Keine andere Behörde hatte so oft den Namen gewechselt. Tscheka, GPU, OGPU, NKWD, MWD, KGB und noch andere. Nie wurde er anders als mit Abkürzungen bezeichnet, als wollte man ihn durch Namensnennung nicht beschwören. Dazu Buchstabenabkürzungen, ganz ungewöhnlich, weil die russische Sprache Silbenkürzungen bevorzugt.

Dserschinskis Name wurde wenig genannt. Die Russen nannten ihn bei seinen unrussischen Vor- und Vatersnamen. Und so steif und fremd wie der Name war auch seine Erscheinung. Das ungewöhnlich hohe, spitze Denkmal vor der Lubjanka, dieser fremdländische Spitzbart, die schlanke, westliche Aristokratengestalt, der dünne, lange Mantel, der fiebrig-lungenkranke Gesichtsausdruck. Natürlich, sagen die Russen, es mußte ja sein: Den KGB hat uns ein Pole gebracht!

Auch die anderen Chefs dieses Geheimdienstes blieben ihnen fremd. Die Namen wie die unheimlichen Gesellen selbst:

Jagoda: ebenfalls ein polnischer Name; Berija: aus Georgien. Jeschow benahm sich wie ein Jurodivi, wie ein greinend singender Verrückter (man erinnere sich an den Singsang des Gottesnarrs in der Oper «Boris Godunow»!), Awwakumows Name erinnert an den Priester, der im 18. Jahrhundert die Altgläubigen abspaltete und auf dem Scheiterhaufen endete. Semitschastni, Nachfolger Berijas, hat einen sehr merkwürdigen Namen (der Siebenteilige). Andropow wieder wirkte streng und gar nicht volksrussisch: Nur das Monokel fehlte ihm zum revolutionären Intellektuellen.

Der ganze KGB war den Russen unheimlich und fremd. Nur die Lubjanka, die war russisch. Dort wurde gefoltert und nicht an irgendwelchen Dossiers geschrieben.

Das ist eine salvatorische Illusion. Natürlich war die Staatssicherheit ein russischer Wechselbalg. Die plumpe zaristische Ochrana war ein Vorbild und noch mehr die Opritschnina aus dem späten 16. Jahrhundert, von Iwan dem Schrecklichen zum Kampf gegen die Bojaren geschaffen, ein Mittelding zwischen Orden und Behörde. Auch Zar Nikolaus I., der Blutige, hatte sich mit dem Grafen Benckendorff (schon wieder ein Ausländer!) und seiner Polizei ein perfektes Geheiminstrument geschaffen.

Jetzt ist das fremde Ding weg. Symbol dafür ist, daß nach dem mißglückten Staatsstreich als erstes das Felix-Edmundowitsch-Denkmal fiel: der große Haß richtete sich gegen die Staatssicherheit. Genau wie in den anderen Ostblockländern war sie das Symbol des Zauberbanns, weil sie ein Geheimbund war, im Gegensatz zur Partei. Das Verschwörergehabe machte, daß das Volk sie für die wahren Machthaber hielt, während sie tatsächlich «Schild und Schwert» der Partei waren. Das Volk haßt den Spitzel mehr als den Herrn, der ihn gemietet hat.

Wenn nicht alles täuscht, wird es auch den Russen ergehen wie uns. Das Leichengift der Stasi wird ihnen das Fest der Freiheit vergällen. Auf Jahre hin werden Enthüllungen und Enttarnungen auf der politischen Bühne für die Irrationalität der nachsozialistischen Gesellschaft sorgen, werden Volkshelden zu Unpersonen werden, wenn ihre Vergangenheit aufgedeckt wird.

## Puschkin enttarnt

Alexander Puschkin war Inoffizieller Mitarbeiter der Staatssicherheit. Er war als Sympathisant in die Dekabristenaffäre verwickelt, hatte leichtsinnige Proklamationen, leichtfüßige Gedichte voller Andeutungen geschrieben und war erpreßbar geworden. Der Zar hatte ihm gnädig verziehen, ihn aber an die lange Leine genommen, an den Hof gebunden. Puschkin war gequält durch den Konflikt zwischen dem Zwang zur Anpassung, unterwürfigen Zugeständnissen und seinem aufsässigen Dissidentengeist, der ihm immer wieder Pasquille und spitze Epigramme eingab (er konnte es nicht lassen), gequält auch durch die Familienaffären, die ewigen Schulden, gequält durch die Eifersucht auf seine lebensfrohe und vergnügungssüchtige Frau und ihre Verehrer und Liebhaber, gequält durch die ewigen Hofintrigen. Dazu die Vorladungen und Anfragen des Grafen Benckendorff, KGB-Chef jener Tage, dessen Insinuationen und Denunziationen, die ewigen Zuträgereien und Spitzeleien der Hofumgebung, die ehrenvolle, aber unangenehm aufmerksame Zuwendung durch den Zaren, der seine Vorstellungen übermittelte, wie die staatskonstruktive Literatur auszusehen habe, die Puschkin wegen physischen Ekels nicht zustande brachte. Er bäumte sich auf, brach aus, brach wieder zusammen, verfaßte demütige Ergebenheitsadressen, schrieb eine Auftragsrecherche über den Aufstand des falschen Zaren Jemeljan Pugatschow, konnte sich aber nicht dazu überwinden, «die Linie» darzustellen, fiel mit seinem Bericht wieder in Ungnade – mit einem Wort: er durchlebte die Qualen des Intelligenzlers nahe an der Macht, aber in innerer Distanz zu ihr. Hätte ihn d'Anthès, sein Gegner im Duell, nicht tödlich getroffen, dann wäre er älter geworden, sicher diplomatischer, hätte sich vielleicht zu einem Amt überreden lassen, als Botschafter nach Paris zum Beispiel, hätte die falsche Bauernbefreiung von 1861 noch erlebt, wäre Dichterfürst geworden wie sein Kollege in Weimar, mit dem er den Ruhm teilt, mit ein paar hundert Gedichten eine Literatursprache aus trockener Abstraktheit zu einem Empfindungstaumel ohnegleichen erweckt zu haben. Wer weiß, hätte ihn nicht die Vergangenheit eingeholt, wäre er nicht als IM enttarnt worden, wären die untertänigen Briefe an den blutigen Nikolaus ihm nicht in der intellektuellen Szene der sechziger, siebziger Jahre zum Verhängnis geworden?

Er wäre nicht Cherub geblieben, der ewig junge, diese unbekümmerte Lichtgestalt der russischen Literatur, sein Stil wäre schwerfälliger, klassischer, und die geflügelten Worte wären weiser geworden. Es hätte Lebensepochen gegeben, Abschnitte, Erinnerungen, Deutungen, Selbstdarstellungen.

Quem di diligunt, adolescens moritur. Puschkin blieb bis an sein Ende ein Halbwüchsiger. Euphorion. Das bleibende Entzücken der Nachgeborenen. Was besagt da seine winselnde Abhängigkeit von der Staatssicherheit und dem Autokraten?

## Staatssicherheit und Intelligenz zur Stalinzeit

Die sowjetische Geheimpolizei hatte schon eine lange, blutige Geschichtsetappe hinter sich, als die Staatssicherheiten des Ostblocks nach ihrem Vorbild gebildet wurden. Lange Zeit bestanden direkte Unterstellungsverhältnisse und Abhängigkeiten. Sie wurden abgelöst durch begrenzte Selbständigkeit mit «Beratern» und Aufsichtsoffizieren. In der letzten Zeit herrschte nominelle Unabhängigkeit der Vasallen bei vorhandenen engen Arbeitsbeziehungen. Stets war die Staatssicherheit der kleinere Bruder des KGB, stolz, wenn er etwas Wichtiges zu berichten hatte, von diesem nicht in alle Unternehmungen eingeweiht. In den letzten Jahren scheint die Abwehr, also die nach innen zur Abwehr von Anschlägen «innerhalb des Territoriums» wirkende Hauptverwaltung, größere Unabhängigkeit genossen zu haben; es bestanden offenbar Spannungen zwischen «den Freunden» wegen der Perestroika-Politik.

Die Tscheka (Kürzel für «Außerordentliche Kommission») war zur Zeit der Wirren nach der Oktoberrevolution als «Schild und Schwert der Partei» gegen die Konterrevolution gegründet worden. Sie entwickelte sich zu einer hart durchgreifenden Geheimpolizei, die der jeweiligen Parteiführung bedingungslos ergeben war. Rechtsstaatliche Kriterien mußte sie zu keiner Zeit besonders beachten, weil das Recht nach herrschender Doktrin eine Konstruktion zur Sicherung der Machtverhältnisse war und deshalb ohne viel formalen Federlesens direkt der Gestaltung durch die Parteiführung unterworfen wurde.

In den dreißiger Jahren wurde die Organisation (unter neuen Namen, GPU, NKWD usw.) zu einer Terrororganisation, zu einem Instrument von Stalins persönlicher Diktatur. Die Prozesse jener Zeit zeigen, daß sogar ergebenen Parteifunktionären und loyalen Offizieren tödliche Gefahr von ihr drohte. Zwei grundverschiedene Interpretationen stehen sich bis heute gegenüber: Diese Geheimpolizei sei ein hocheffektives Herrschaftsinstrument gewesen, oder, im Gegenteil, sie sei zu einer parasitären Mafia geworden, die irgendwann den Bestand der Sowjetunion gefährdet hätte.

Was immer auch zutrifft, nach Stalins Tod wurden der Staatssicherheit die Flügel gestutzt; sie wurde zu einem funktionierenden Instrument der Parteiherrschaft, zu einem bürokratischen Spitzel- und Spionageapparat. Chruschtschow war ein gebranntes Kind und hat die Todesangst vor Jagodas, Jeschows und Berijas Zugriff nicht vergessen. Er hat, wie sich aus Memoiren der Glasnostzeit ergibt, seine Geheimpolizeichefs an der kurzen Leine gehalten und das Ministerium zum Komitee für Staatssicherheit (KGB) heruntergestuft. Unter Breschnew rückte der KGB-Chef Andropow ins Politbüro auf, als Lohn für unauffällige und ergebene Dienste gegenüber der nunmehr unangefochten herrschenden Partei. Seit Gorbatschows Machtübernahme sind der Einfluß und die Aktivitäten des KGB besonders unauffällig und undurchsichtig geworden. Meine zahlreichen Freunde in der Sowjetunion spüren seit mehreren Jahren die Krallen des KGB nicht mehr direkt; sie halten es aber für geraten, vorsichtig zu sein. Zur Vergangenheitsaufarbeitung à la DDR, wie fragwürdig und unvollständig auch immer, ist es dort nie gekommen. Der KGB schweigt, ist aber voll funktionsfähig und intakt.

Die Älteren unter uns erinnern sich noch lebhaft und mit Herzklopfen der namenlosen Angst, die die Menschen in der sowjetischen Besatzungszone und der frühen DDR-Zeit vor der sowjetischen und der eigenen Stasi hatten. Wer nach 1955 aufgewachsen ist, kennt nur noch die unterschwellige

Angst vor dem Stasi-Apparat der zweiten Generation. Politische Häftlinge sind auch später noch mißhandelt und seelisch gebrochen worden, und wir kennen hier noch nicht alle Einzelheiten. Aber der physische Vernichtungsapparat hatte sich in eine eher bürokratische Verwaltungsmaschinerie verwandelt. Im öffentlichen Bewußtsein der Perestroikazeit wurde das Verhältnis zwischen Staatssicherheit und Intelligenz als unerhörte Hetzjagd begriffen. Die Überlebenden beschrieben Gewalt, Terror, Lager und Folterung, oft noch mit dem Nebenton, daß der «Große Terror» vor allem gegen die Intelligenz gerichtet war, also gegen alte Bolschewiki, Schriftsteller, Wissenschaftler, Generalstäbler. Solschenizyn macht da eine Ausnahme. Er beschreibt im «Ersten Kreis der Hölle» sogar relative Privilegien der Ingenieure im Sonderlager.

Dieser Eindruck, unter der Verfolgung Stalins hätte mehr als jede andere Gruppe die Intelligentsia gelitten, ist falsch, aber verständlich; die Intelligenz kann sich eben am schnellsten artikulieren, wenn der Druck aufhört. Sie findet auch leichter die Erklärungs- und Beschreibungsmuster. Sie «versteht» die Täter besser, weil ihr die Sprachmuster vertraut sind. Dagegen werde ich nie den stockenden und ratlosen Bericht eines Geschwisterpaars bei einer Familienfeier 1971 vergessen, die um 1937 als Kinder erlebten, wie eines Tages ohne Vorwarnung alle Männer im Dorf (im Waldai-Gebiet) verhaftet wurden und auf Nimmerwiedersehen verschwanden. Vermutlich waren sie Opfer einer jener telegrafischen Anordnungen («Bis zum 20. 5. sind zehntausend Volksfeinde unschädlich zu machen!»), die wir aus dem Smolensker Archiv kennen. Diesen einfachen Menschen steht aber eine solche rationalisierende Erklärung nicht zur Verfügung. Sie sehen dich verständnislos an, wenn du sie ihnen anbietest. Es ist, als wolltest du einen schaurigen Mythos mit einem physikalischen Phänomen erklären.

Die schnelle Beschreibung im intelligenten Diskurs verdeckt aber auch tieferliegende Sachverhalte. Die Vernichtung des Dichters Mandelstam oder des Genetikers Wawilow zeigt, daß die Einschüchterung der Intelligenz durch Bauernopfer gelungen ist. Hinter diesen Dramen auf der Bühne muß es außerdem noch millionenfache stillschweigende Kooperation zwischen Parteiintelligenz (mit der Peitsche in der Hand) und technisch-wissenschaftlicher Intelligenz gegeben haben. Allein mit schlecht ausgebildeten Dilettanten, wie sie in den zeitgenössischen kritischen Berichten immer wieder genannt werden, sind die modernisierenden Aufbauleistungen der frühen Sowjetepoche nicht hinreichend erklärt.

## Der Pakt

Die zwanziger und dreißiger Jahre brachten der Sowjetunion eine in beispiellosem Tempo durchgeführte Industrialisierung. Dazu wurden alle Überreste des traditionellen Handwerks und der Kleinindustrie ebenso zerschlagen wie alle bodenständige Technik auf dem Dorfe. Es wird zuwenig beachtet, daß das nur mit einem gleichzeitigen massiven Import von Anlagen und Industriegütern, technischen Verfahren und Vorschriften aus dem Westen gelungen sein kann. Noch heute zeigen Architektur, Industriebau, industrielle Formgestaltung und Industrienormen in der Sowjetunion den deutlich dominierenden Einfluß der zwanziger Jahre, besonders der Vereinigten Staaten.

Ein solcher Transfer kann nur gelingen, wenn eine hervorragend ausgebildete technische und naturwissenschaftliche

Intelligenz zur Verfügung steht. Vieles konnte möglicherweise nachempfunden oder übernommen werden, aber auch dazu ist ein hohes Ausbildungsniveau notwendig, die Kenntnis fremder Sprachen und spezialisierter mathematischer und technischer Verfahren. Die Sowjetunion der zwanziger und dreißiger Jahre hat hervorragende Wissenschaftler gehabt, mehr Nobelpreisträger als zur Supermachtzeit, hat hoch originelle Zweige zum Beispiel in der Mathematik, der Elektronik und der theoretischen Physik entwickelt. Sie hatte vor dem Weltkrieg ein Rüstungsniveau erreicht, das es ermöglichte, den Anschlag der Hitlerarmeen abzuwehren und zum Angriff überzugehen. Die Grobschlächtigkeit der sowjetischen Technik, über die die deutschen Eroberer sich auf ihrem Vormarsch noch lustig gemacht hatten, erwies sich den Belastungen und dem Klima als durchaus angemessen, machte die technischen Produkte robuster und weniger störanfällig. Ihr Niveau war letzten Endes ausreichend, um die Sowjetunion auf technologischem Gebiet konkurrenzfähig zu halten. Nach dem Weltkrieg wurde schneller, als der Westen das erwartete, das nukleare Gleichgewicht hergestellt. Auch hier hat intelligente Lektüre von Westzeitschriften ebenso wie Spionage eine Rolle gespielt; trotzdem gilt: Mit holzköpfigen Apparatschiks kann man keine technologischen Sprünge machen, mögen noch so viele Westbücher eingekauft werden. Es geht nur, wenn die technisch-wissenschaftliche Elite kooperiert. Verliert sie die Motivation, wie in der Spätzeit des Sowjetimperiums, dann geht es abwärts.

Die ungewöhnlichen Leistungen dieses Landes deuten auf eine bedeutende operative Rolle der schöpferischen und technischen Intelligenz. Es ist auffällig, daß es in der Sowjetunion niemals zu einem prinzipiellen Konflikt zwischen Parteiapparat und «Technokratie» gekommen ist. Das wurde von

Kremlastrologen immer wieder vermutet, wahrscheinlich aus Analogie zu den Verhältnissen in den westlichen Ländern abgeleitet. Ich erinnere mich noch deutlich an die Spekulationen des «Spiegels» in den fünfziger Jahren, der jeden Machtwechsel in der Sowjetunion in dieses Erklärungsschema zu pressen versuchte. Der Westen hat zahlreiche Avancen auf wissenschaftlich-technischem Gebiet gemacht, beispielsweise Austauschabkommen unterzeichnet, wohl wissend, daß das die Gefahr in sich barg, ausspioniert zu werden. Aber eine technisch gebildete Oberschicht mit Kenntnis westlicher Verhältnisse schien dann doch nicht mehr so ein gefährlicher, unberechenbarer Gegner zu sein wie der xenophobische Parteiapparat der Nach-Stalin-Zeit.

Mit der Akademie der Wissenschaften hatte bereits Lenin ein stillschweigendes Abkommen geschlossen. Die Akademiker wurden geschützt und geachtet; ihre Herkunft aus vorrevolutionären Adels- und Bürgerkreisen wurde toleriert. Akademiemitglieder genossen stets ein im Vergleich zur Position ihrer Kollegen im Westen außergewöhnliches soziales Prestige und, bis in die Verzweigungen ihrer Familien hinein, erstaunliche Privilegien. Die Datschen der führenden «Atomtschiki» in Schukowka und ähnlichen Orten bei Moskau standen in unmittelbarer Nähe der Datschen der Politbürogrößen. Der Datschenstil ähnelt dem amerikanischen Cottage; der Luxus war geringer und weniger technologisch gestylt; er bestand in großzügiger Anlage, schönen großen Räumen, alten Buchbeständen, Konzertflügel, Sonderversorgung mit Gegenständen des täglichen Bedarfs über Spezialläden und als «Pajok» (Päckchen mit Zuwendungen). Er war komparativer Luxus, unglaublich im Verhältnis zum Leben des einfachen Sowjetbürgers.

Für den akademisch ausgebildeten wissenschaftlichen

oder technischen Mitarbeiter im Institut war das alles ein Wunschtraum, aber ein erreichbarer, wenn man exzellente Leistungen vollbrachte und sich im übrigen stets konstruktiv und politisch einwandfrei verhielt. So ergab sich überall in der Sowjetunion das seltene Bild einer symbiotischen hierarchischen Ordnung: Der Direktor oder Akademik sorgte mit seinem breiten Kreuz für Arbeitsmöglichkeiten, Wohnung usw., während der junge Adept es ihm mit aufopferungsvollem Einsatz vergalt. Ins Ausland fuhr der Chef, den Vortrag vor internationalem Publikum hielt er; die Daten stellte ihm der Assistent zur Verfügung, dankbar, daß er sie, wenn sie der Kritik standhielten, als Dissertation einreichen durfte.

In seinem Roman «Der erste Kreis der Hölle» hat Alexander Solschenizyn die psychologische Verfassung von Ingenieuren und Physikern beschrieben, die im Lager mit Sonderauftrag abgestellt waren: Sie sollten ein Verfahren zur Identifizierung menschlicher Stimmen (von abgehörten Bändern) erfinden. Die Situation des Ingenieurs in einem Konstruktionsbüro oder technischen Entwicklungsinstitut der Sowjetunion hat viel Ähnlichkeit damit. Das Lagerleben war sozusagen die extreme Karikatur des Alltagslebens. Bei beiden das *relative* Privileg (relativ zu den Durchschnittsbürgern in Moskau, analog relativ zu den Seki in den Normallagern). Bei beiden das wundervolle Gefühl, hochabstrakte Leistungen (in fremder Sprache noch dazu!) kreativ bearbeiten zu dürfen, während ringsum Fronarbeit geleistet wird. Die ständige Angst, zu dieser Fronarbeit zurückgestuft zu werden. Der warme Arbeitsraum, während die Limitschiki, Arbeiter ohne Aufenthaltsgenehmigung, in Moskau oder die Seki im Lager die volle Härte der unwirtlichen Winternatur erleiden. Die Möglichkeit, ein «kulturvolles» Gespräch mit dem Nachbarn zu führen, während die da draußen nur Zoten und

Alkohol im Sinn haben. Der Forschungstrakt des Gulag als Gleichnis für das Leben des Intelligenzlers im Realsozialismus!

Sonderstatus und Privilegien (zu denen auch gehörte, in seinem Beruf arbeiten zu dürfen!) – damit wurde die Intelligenz der Stalinzeit ruhiggestellt. Hinzu kam die nie abklingende Angst, ins Visier zu geraten. Sie verstärkte paradoxerweise den persönlichen Einsatz. Einschüchterungen, Vergünstigungen und ein Bündnis: Das war der Gesellschaftsvertrag zwischen Parteiapparat-Intelligenz und akademischer Intelligenz zur Stalinzeit.

Dieses System funktionierte, solange extensives Wachstum herrschte, solange der Wettlauf mit dem Militärpotential des Westens noch in vollem Gange war, solange noch kein Gedränge auf dem Konkurrenzmarkt der Intelligenz herrschte und, vor allem, solange Hochspezialisierung und cleveres Nacherfinden *möglicher* (im Westen vorgeleisteter) Lösungen auf der Tagesordnung standen. Schon im «ersten Kreis», als sich herausstellte, daß zur Stimmenidentifikation (ein bis heute ungelöstes Problem) wirklich geniale Erfindungen notwendig waren, funktionierte das Abkommen nicht mehr. Denn diese benötigen eine innere Konzentration, die man nicht aufzubringen imstande ist, wenn *trotz* des Universitätsdiploms und der Stachanow-Auszeichnung und aller anderen Entlohnungen jederzeit die ominöse Klingel morgens um sechs das Nachdenken beenden kann.

Es ist eine merkwürdige Dialektik von Begeisterung, innerer Unruhe und wohleingegrenzter schöpferischer Freiheit, die zur Stalinzeit produktive Leistungen trotz ständiger Angst ermöglichte. Paradoxerweise ist die nachstalinsche Bürokratenära kreativen Leistungen weit weniger günstig gewesen, obwohl der Terror nachließ.

# Staatssicherheit und Information

Weil der Realsozialismus ein Gesellschaftsmodell *abstrakten* Zuschnitts war, ein verwirklichter rationaler (man könnte auch sagen: utopischer) Entwurf, spielten Ideologie, Glaube und Überzeugung eine herausragende Rolle, denn es fehlte der Teilsystemkitt, der in einem selbstorganisierten, nicht rational konstruierten System das Zusammenleben der Bürger in kleinen Subeinheiten (Kommunen usw.) regelt.

Die Ideologie des Realsozialismus krankte daran, daß an zentraler Stelle der Wahrheitsbegriff logisch auf den Kopf gestellt war, ohne daß das die gesamte Logik und ihre Wahrheitsfunktionen verdrehte. Zwei mal zwei blieb vier, aber die Arbeiter regierten, und beide Sätze waren wahr. Das erzeugte ständige Reibungen, wie bei zwei Kontinentalschollen, mit der ständigen *Möglichkeit* eines politischen Erdbebens aus harmloser Ursache.

Die Position der Intelligenz krankte daran, daß sie objektiv Systemstabilisator war, obwohl die Individuen besonders in der Spätzeit den Glauben an das System verloren hatten und sich für Proletariat hielten. Auch in der Intelligenz spiegelte sich also eine Umkehr der Wahrheitsfunktion, mit entsprechenden Spannungen im inneren Weltbild, aushaltbar nur noch durch Spaltung der äußeren Welt in die Anpassungswelt und die warme eigene (unmittelbare berufliche Tätigkeit, Familie). Der Aufstieg brachte das auch im Westen bekannte Phänomen der Entfremdung von der abstrakten Arbeit: Der leitende Ingenieur geht auf Sitzungen und Empfänge und beneidet den jungen, der noch an der Schaltung basteln darf. Der junge beneidet den leitenden wegen seines Aufstieges, wegen der höheren Dosis an Privilegien. Bei allen bestand zusätzlich noch die heimliche Hoffnung, daß ein Wunder die

Liberalisierung zustande bringen und man selbst davon profitieren würde.

Die Staatssicherheit hatte in der Frühzeit des Systems vor allem polizeiliche Aufgaben. Ihr Verhältnis zur Information und zum Wahrheitsbegriff war voluntaristisch: Wahr ist, was der Parteilinie dient. Die extreme Entwicklung dieses Verhältnisses erreichten die dreißiger Jahre mit der vom Generalstaatsanwalt Wyschinski verfochtenen Theorie, daß das Geständnis wichtiger sei als der Sachverhalt, den man ohnehin je nach Klassenstandpunkt verschieden interpretieren könne. Ein Extremalpunkt war der berühmte Telegrammtext aus Moskau: «Dringend! Sofortige Vollzugsmeldung notwendig: Weitere fünftausend Volksfeinde entlarven!»

In der bürokratischen Etappe des Realsozialismus ging dieses rein voluntaristische Verhältnis zu den Fakten verloren. Die Machthaber wollten nicht mehr unter dem Vorwand des Kampfes gegen den Klassenfeind Krieg gegen das eigene Volk führen, zumal es sie dabei selbst, als Person, erwischen konnte. Es entstand ein Bedürfnis, den Grad der Zustimmung durch die Bevölkerung planmäßig zu erhöhen. Außerdem wurden die Kontrollfunktionen von Parteiapparat, Staatsanwaltschaft und Gerichten verändert. Für die Stasi der späten DDR war zum Beispiel die Beweislage ein wiederholt auftauchendes Problem: Für einen Prozeß nach einem der politischen Paragraphen mußten Beweise gefunden oder geschickt so fabriziert werden, daß sie Staatsanwaltschaft und Gerichte überzeugten. Deren Ansprüche waren allerdings sehr merkwürdig, aber immerhin – sie waren eine nicht direkt befehlsabhängige Instanz und konnten das MfS blamieren. Allerdings: Die Verurteilungsquote überführter feindlich-negativer Personen war auch eine Planerfüllungskennziffer!

Dieser Paradigmenwechsel von der Terrortruppe zum bürokratischen Spezialministerium ermöglichte ein anderes Verhältnis zur Information. Sie wurde zum überwiegenden Teil registriert, nicht mehr für ein sofortiges Geständnis verwertet. Sie mußte auch in der Realität nachweisbar verankert sein.

Dazu hatten sie objektive Methoden, zum Beispiel Abhöranlagen und Brieföffnungsmaschinen. Das Dilemma war nur, daß der Bürger sich angepaßt und das feindlich-negative Element sich vorsichtig verhielt. Wenn die Bürgerrechtler alles Wichtige im Stadtpark besprachen oder die Schlüsselvokabeln aufschrieben und nicht aussprachen, dann konnte die Wanze nur überwiegend langweilige Bettszenen oder Geburtstagsumtrunke ohne direkte politische Relevanz belauschen.

Dieses Dilemma erzwang den Rekurs auf subjektive Methoden, vor allem den Spitzelbericht. Hier war bei geschickter Führung des inoffiziellen Informanten nun wirklich «operativ bedeutsame» Information zu gewinnen. Allerdings, wohlgemerkt, nur aus der intellektuellen Szene. Daß der Bauarbeiter «Scheiß-DDR» sagte, wenn er keinen Auspufftopf für seinen Trabant bekam, konnte nicht zu den Informationen über potentiell staatsfeindliche Aktivitäten gerechnet werden. Die Konsequenz wäre gewesen, praktisch die ganze Bevölkerung zu kriminalisieren, und das wollte die Parteiebene nun auch wieder nicht. Der Intelligenzler aber, verliebt ins abstrakte Wort, schmückte das Schimpfwort ganz anders aus, schrieb es auf, vervielfältigte es und reichte es im Freundeskreis herum; er diskutierte gern mit staunenden Westbesuchern über seine politischen Theorien und warum der ganze Sozialismus nie zu Stuhle kommen könne, mit einem Wort: Das war operativ verwertbare Information.

Auch die große Hauptabteilung, die sich mit Wirtschaft

befaßte, war auf abstrakte Information angewiesen. Denn auch hier war die reale Welt von zweitrangiger Bedeutung: Daß die Bauarbeiter im Bauwagen Skat spielten, weil kein Zement angeliefert wurde, war weit weniger sicherheitsrelevant als die Ablichtung eines raubkopierten Computerbetriebssystems von Siemens. Dafür brauchten sie aber wieder einen Intelligenzler, der die Hieroglyphen entziffern und ihren Inhalt beurteilen konnte. Verwerten ließ sich die Information ohnehin nicht, mangels Hardware.

Mit einem Wort: Der späten Stasi atrophierte der Kampfmuskel. Papier, Brille und Kugelschreiber verdrängten Pistole, Schlagstock und Knastzelle als Waffen im Klassenkampf. Nicht vollständig, aber der deutlichen Tendenz nach. Schließlich bekam sie intellektuellen Habitus. Welch wunderbare Urzeugung von Geist und Intelligenz in der Vierermannschaft, die den Winterabend im geparkten Lada vor der Dissidentenwohnung wacheschiebend verbrachte, den frierenden Fuß eingeschlafen auf dem Katalytöfchen haltend! Welch schriftstellerisches Talent und welche fiktionale Begabung in den Berichten, von denen mancher ohne Kürzung und sprachliches Facelifting in einer Brechtschen Parabel tadellose Figur machen könnte!

Leider war es immer noch nicht möglich, Fakten und ihre Darstellung in Übereinstimmung zu bringen. Es galt nämlich, das Zentraldogma von der herrschenden Arbeiter- und Bauernmacht vor logischen Widersprüchen zu schützen. Und schließlich mußte die Stasi dringend durch Produktion von Staatsfeinden die Existenzberechtigung des eigenen überblähten Planstellentableaus nachweisen.

So kam es zu den wunderbaren Berichten der ZIAG an Minister Mielke und das Politbüro. Alles ist aus ihnen ablesbar, alles ist korrekt verzeichnet, aber in eine so abstrakte

Nomenklatur verhüllt, daß man nichts mehr verstehen konnte. Die zweiwertige formale Logik der Glanzzeit des Realsozialismus (Hauptfrage ist: Wer wen?) wandelte sich in das milchige Licht einer Realitätsbeschreibung, in der die Vorinterpretation so versteckt wurde, daß die Wahrheitsfindung im Ermessen des sklerotischen Generalsekretärs lag.

So sammelte die Stasi Informationen, die niemals Informationen sein durften. So ermittelte sie Wahrheiten, die niemals den logischen Bruch der Gesamtlüge aufscheinen lassen durften. So betrog die Staatssicherheit sich selbst und die Partei, der sie Schild und Schwert sein wollte und die doch letzten Endes nur ihr Papiertigerbild zustande brachte.

## Information und Planerfüllung

*Luftblase.* Auf Grund der Wichtigkeit meiner Informationen bitte ich Sie, werter Genosse Minister, mir die Gelegenheit zu direkter Übermittlung an Sie oder Ihren ersten Stellvertreter zu geben. Mit sozialistischem Gruß! So Wolfgang Schnur (laut «Spiegel») im Jahre 1967 an Erich Mielke, mit Rückadresse VEB Fleischkombinat Rügen.

Erich Mielke wird vermutlich einen Bevollmächtigten benannt haben, der sich als erster Vertreter ausgeben durfte. Aber vorher muß *er* den Brief gelesen haben – niemand durfte es wagen, ihm das geheimnisvoll-wolkige Angebot beim Sichten der Post vorzuenthalten. Zu riskant: Angenommen, eine Gruppe junger Leute hätte ein paar Tage später eine nächtliche Segelpartie nach Bornholm unternommen, mit Empfang durch «BILD» am Strand, um über die spektakuläre Flucht zu berichten. Angenommen, W. S. hätte später behauptet, genau diese Information für den Minister in petto gehabt zu haben, als man ihn nicht vorließ. Unausdenkbar, eine solche Nachricht unterbunden zu haben. Das Ende der Laufbahn! Mangelnde revolutionäre Wachsamkeit. Wenn nicht Schlimmeres: Komplizenschaft!

Der für den Staatssicherheitsminister fatale Effekt an solcher Art heißer Information war, daß sie wie Wasser durch die Finger rann. In einer Bevölkerung von 16 Millionen gab es zu jedem beliebigen Zeitpunkt etwa 16 000 Wichtigtuer, die glaubten, über eine für das Land vitale Information zu verfügen. Über «ein Politikum», wie es so schön in Bonzenkreisen hieß. Nahezu alle Informationen werden kurz danach Desinformation, blinder Alarm, gewesen sein, und nur diejenigen waren wirklich ein Politikum, die sich materialisieren durften. Gerade das zu verhindern ist aber des Ministers Aufgabe. Siehst du die Heisenberg-Mielkesche Unschärferelation? Es ist wie eine mouche volante im Auge: Schaut man hin, dann schwimmt es weg. Verspeist der Minister es mit Behagen, dann war es ein Luftbonbon, das den Magen ohne Sättigungsempfindung bläht. Lehnt er ab, dann mag es ein Praliné gewesen sein. Es wird ein Praliné, wenn «BILD» oder Lothar Loewe vom ZDF es verzehren; ein Windei bleibt es, wenn der Informant Schnur lediglich seine Beflissenheit zeigen will. So schnappt der Minister ständig nach einem verlockenden Knochen, der aus Gummi ist, sobald er ihn erwischt.

Das erklärt den flächendeckenden Informationskurzschluß im Stasi-Netz. Enorme Energien wurden verpulvert, aber es kam stets nur zum Kabelbrand. Irgendein Heini saugte sich etwas aus den Fingern, das mit einer gewissen Wahrscheinlichkeit über eine, zwei, wenige Stufen Erich Mielke erreichte. Sah er hin und nicht schläfrig vorbei, dann wurde es «ein Fakt». Am Politbüro vorbei konnte er seinerseits E. H. damit füttern. E. M. mußte aufblasen, damit E. H. beeindruckt war. E. H. erfuhr, behaglich schaudernd, von der extremen Gefährlichkeit der «negativ-feindlichen» Aktivität und gleichzeitig von ihrer prompten Unterbindung. Immer wieder erhob der Klassenfeind sein Gorgonenhaupt, und stets erhielt er sofort eins auf die Finger.

*Müllproduktion.* Die Selbststrangulation durch revolutionäre Wachsamkeit. Übst du sie, entlarvst du sofort alle potentiell subversiven Impulse, dann erstickt die eigene Informationskanalisation im Bagatellmüll. Läßt du nach, dann kehrt Ruhe ein, die feindlich-negativen Gruppen produzieren friedlich Synodenpapiere und geraten sich mit den Kirchenoberen in die Haare, die sie Bonzen nennen. Und man fragt dich, wozu du neue Planstellen und fette Jahresendprämien haben willst. In Hunderten solcher Dissidentengruppen geschieht nichts außer Selbstbeschäftigung, und sie zerstreiten sich. Aber ein Keim mag irgendwann einmal doch wachsen, knospen, schwellen, ausschlagen, die vor sich hin lebende Bevölkerung wecken, sie motivieren, auf die Straße bringen, und dann ist es zu spät gewesen. Wie ein Nachtwächter, der für einen Moment eingenickt war und sich mit dröhnendem Kopf irgendwo wiederfindet und keine Erinnerung hat, wie ihm geschehen ist.

*Gesetz des immerwährenden Wachstums.* Wer nicht sät, der wird nicht ernten. 1984 hatten sie den großen Schlag gelandet und alle Querulanten mit einem Schnitt aus dem Lande entfernt. Mit und ohne Ausreiseantrag. Mancher erhielt ein Angebot und war nach Stunden drüben. Ein noch nie erlebter Sieg. Das ganze Meckerunkraut auf einen Strich ausgejätet. Ein enormer Tschekistenerfolg.

Es gab Katzenjammer. Nicht nur, daß das Ausreisepotential sich verstärkt reproduzierte («Na, wenn es so leicht ist . . .») – nein, man mußte es neu herstellen, neu aussäen. Der Job als Unkrautvertilger ist nur krisenfest, wenn man gleichzeitig Unkraut verbreitet. So kam es denn, daß plötzlich die Kleintransporter mit den versteckten Richtmikrofonen vor unserem Hause parkten, wenn wir abends Tee trinken und über den schwerkranken Gesellschaftsleib der Sowjetunion sinnieren wollten. Vorher rief noch einer an, meldete sich auf sächsisch mit «Müller» und behauptete, falsch verbunden zu sein, nachdem er sich überzeugt hatte, wer am Telefon war. Und bei Frau Nachbarin über uns erschien ein jovialer Herr und erkundigte sich (sie war in der Partei und Lehrerin und konnte ihn nicht einfach vor die Tür setzen), ob das Klavierspiel unserer Kinder ihr sehr lästig, das heißt laut sei (hinreichend laut für eine erfolgversprechende Installation einer Wanze?). Ein anderer Herr erschien bei einer Freundin und versuchte, sie anzuwerben (sehr feinsinnig, nicht sehr erfolgreich, aber immerhin sie zum Stillschweigen verpflichtend, so daß wir davon erst viel später erfuhren, als sie sich ein Herz gefaßt hatte).

Alles war natürlich «im Zuge der Planerfüllung». Es gab nicht mehr ausreichend negativ-feindliche Gruppen, um die Investitionen und Erneuerungsanträge zu begründen. So wurden wir kurzerhand zur konterrevolutionären Gruppe ernannt. Im Straßenbild häuften sich für uns die 1600er Ladas mit vier sportlichen jungen Typen darin; oft parkte einer vor der Haustür, öfter als sonst sah einen plötzlich jemand aus den Augenwinkeln an. Gegenüber entstand eine leere Wohnung ohne Gardinen, nur gelegentlich bewohnt. Die Phase der Informationssammlung, Aktengewinnung, ging schnell zu Ende. Das allgemeine Verhaltensbild war klar. Wir waren im Visier.

*Illusionen.* Schauplatz: Stasi-Büro in der Normannenstraße, am 10. Dezember 1989.

Der Beschluß ist gefaßt, von drei Beauftragten zur Auflösung des MfS/AfNS schriftlich bestätigt. Die elektronisch gespeicherten Daten sollen gelöscht werden. Alle Unterschriftsbevollmächtigten sind anwesend. Der Operator, ein Informatik-Fachmann, erhält die Anweisung. Er «klickt» die zu löschenden Dateien «zusammen» und wählt die Option «Lösche». Auf dem Bildschirm erscheint die erstaunte Rückfrage: «43 Dateien löschen? Ist das Ihre Absicht? Antwort J/N.»

Die Bevollmächtigten nicken. Der Operator gibt «J» ein. Es erscheint die Aufschrift «Dateien gelöscht».

Sie sind auf dem betreffenden Sektor gelöscht. Aber ich verwette mein Monatsgehalt gegen einen alten Hut, daß der Informationsverwalter den Löschbefehl so modifiziert hat, daß die Dateien stillschweigend zugleich auf einen anderen Sektor gerettet wurden.

Es wird Wechselplatten mit Kopien geben. Sie nehmen nicht viel Platz ein.

Eine Handvoll Disketten in der Aktentasche können die wichtigsten Daten enthalten.

Datentransfer in einen anderen Rechner hat stattgefunden.

Jeder Datenjongleur mit Berufserfahrung, schon gar bei der Stasi, hält Sicherheitskopien der Datensammlungen, zumindest von Zwischenstadien vor der Endredaktion. Ihr Prinzip ist, Großvater und Vater am Leben zu halten, auch wenn der Enkel schon geboren ist. Im Havariefall muß man dann nur die Zeugung des Enkels wiederholen.

Sogar die Löschung auf dem Datensektor ist nicht vollständig. Der Löschbefehl hat die Dateien aus dem Suchverzeichnis gestrichen. Sie stehen so lange auf der Platte, bis sie definitiv überschrieben werden. Hat das Bürgerkomitee mit den Kirchenbeauftragten darauf bestanden, die ganze Platte mit XXX zu überschreiben, bevor sie das Rechenzentrum verließen? Wenn nein, dann konnte der kundige Informatiker die Daten retten, auch wenn keine andere Kopie existierte.

Mir kann keiner erzählen, daß die elektronischen Speicher vernichtet sind. Dazu waren wir Revolutionäre zu naiv. Wir hätten mit der Maschinenpistole den Rechner durchsieben müssen, anstatt uns mit Löschbefehlen blauen Dunst vormachen zu lassen. Magnetbänder auf einem Abfallhaufen überzeugen mich nicht. Alles, was je in den Speicherzustand kam, existiert weiter. Es wurde gewissermaßen nach «Welt 3» von Karl Popper übertragen. Es ist nicht vernichtbar, sondern als platonische Idee existent. Nach 8 Wochen, 8 Monaten, 8 Jahren mag es wieder auferstehen.

Welche Illusion, man könne Information vernichten. Nur Stümpern kann das aus Versehen passieren.

*Rituelle Handlungen.* Zum zentralen elektronischen Datenspeicher der Stasi möchte ich als Metakritik noch hinzufügen, daß er möglicherweise wegen Überfüllung gar nicht funktionsfähig war. Vielleicht war er ein Potemkinsches Dorf. Die raffinierte Modernität, die ein hochvernetztes Informationssystem ermöglicht, müßte man mir erst noch überzeugend nachweisen.

Der Aktenberg und die auf ihn anspielenden symbolischen Vernichtungshandlungen (Zerstückelung von Information im Fleischwolf, Verrührung in Papiersäcken) weisen vielmehr auf ein archaisches Moment hin. Die Stasi spielte Orakel, sie mimte den Torquemada, Mielke verkleidete sich als Maljuta Schkuratow – wie, wenn sie Allwissenheit sich selbst und der Partei nur vortäuschte, um parasitär leben zu können?

*Was wir einbringen.* Stasi ist zu einem Zauberwort geworden, zu einem Kürzel, das beste Chancen hat, in alle Sprachen einzugehen. So wie Sputnik oder Glasnost. Oder, näher an der Sache, ähnlich wie Gestapo.

Was bringt die DDR in das vereinigte Deutschland ein? Was ist erhaltenswert an ihr?

Diese Fragen werden überall wiedergekäut, seit der Untergang der DDR unausweichlich wurde. Also etwa seit der Jahreswende 1989/1990.

Die Antworten waren zunächst sehr ernsthaft, sehr pathetisch. Da war von Identität die Rede, die über Jahrzehnte gemeinsamen Schicksals gewachsen war. Von der sozialen Solidarität, zu der uns die Mangelwirtschaft und das Bedrükkungssystem veranlaßt hatten. Von menschlichen Werten und menschlicher Kommunikation, in Freundes- und Familienbanden entwickelt und bewahrt. Von der Gemeinsamkeit erfahrener Bedrohung und Verachtung.

Später gerieten die hehren Ziele aus dem Blick. Es ging um mehr praktische Ziele, und der emotionale Dröhnfaktor ließ nach. Zunächst noch Kindergarten- und Horteinrichtungen sowie der Haushaltstag einmal im Monat für die arbeitende Familienmutter. Die garantierte Mindestrente. Dann immerhin noch der bequeme Rechtsabbiegerpfeil an der befahrenen Kreuzung. Die Akademie der Wissenschaften. Die zwölfklassige Oberschule. Die nach Väter Art, ohne die ganze puffige West-Chemie, gebackenen Semmeln. Zu guter Letzt durften wir nicht einmal mehr das rauhe Klopapier einbringen, sondern müssen jetzt das glatte, rutschige, weiche kaufen.

Alles vergebens. Der verlorene Sohn ist zurückgekehrt, er wurde mit Freuden aufgenommen. Man vergesse nicht, die Geschichte im 15. Kapitel von Lukas zu Ende zu lesen. Der Bruder des verlorenen Sohns mault: Siehe, so viele Jahre diene ich dir. Nun aber dieser dein Sohn gekommen ist, der sein

Gut mit unzüchtigen Dirnen verschlungen hat, hast du ihm ein gemästet Kalb geschlachtet.

Das Kapitel endet damit, daß der Vater alle zur Fröhlichkeit ermahnt. Was fehlt, ist die Fortsetzung. Ich kann mir nicht vorstellen, daß der Sohn seine liederliche Lebensart mit ins elterliche Haus tragen durfte . . .

Unsere wirklich originelle Mitgift, die wir ins neue Deutschland einbringen, ist der Stasi-Komplex. Einmal vom Sport abgesehen, ist das das einzige Feld, auf dem niemand hat mithalten können. Auch nicht die anderen Ostblockkollegen. Noch ist niemand von ihnen dem Sicherheitsapparat ernsthaft an den Kragen gegangen. Es wird sehr spannend werden, wenn sie in Polen und in der ČSFR an die Arbeit gehen. Wenn . . .

Unser Mitbringsel ist aber entwertet. Es ist ein Riesenpaket wertlosen Papiers geworden. Die einen wollen es aufschnüren, um den Anspruch auf Kompensation für erlittenes Unrecht zu beweisen. Da dies immer die Untäter ins Lampenlicht rückt, wollen viele, viele andere das Paket lieber ungeöffnet einmauern oder ins tiefe Meer versenken. Wieder andere wollen diesen Streit beenden, weil er von der Zukunft abhält. Noch anderen ist der ganze Zank gleichgültig: Sie hatten nichts mit der Sicherheit zu tun und haben überhaupt andere Sorgen.

Unsere wirkliche Jahrhundertchance wird über diesem Gezerre wohl vertan werden. Es ist die Chance, zum erstenmal in der Weltgeschichte die geheimen Informationen, Kommunikationen und Handlungsmotive eines politisch und moralisch bankrott gegangenen Unrechtsregimes sofort nachher aufzudecken, wo noch alle Betroffenen dabei sind und Zeugnis ablegen können. Weder bei der zaristischen Ochrana noch bei der Himmlerschen Gestapo, weder bei Iwans des Schrecklichen Opritschnina noch bei Torquemadas Inquisition waren wir in vergleichbarer Lage. Die Akten sind total verdorben, in Alpenseen versenkt, verbrannt, vernichtet, und Täter wie Opfer sind nicht mehr am Leben oder auf subjektive Erinnerungen aus einem schwindenden Gedächtnis angewiesen.

Aber es steht zu befürchten, daß das Erbe des Staatssicherheitsdienstes und der von ihm beherrschten und manipulierten Parteikader vor allem in journalistischen Stinkbomben und Erpressungsbriefen bestehen wird, während die Einsicht in unser trauriges Leben verstellt wird von formalistischen, pseudo-rechtsstaatlichen und sogar interessegeleiteten Einwänden, die alle darauf hinauslaufen: Vergeßt es, es hat keinen Sinn, es riecht nicht gut, es führt zu nichts, die Menschen sind nun einmal so . . .

Die fatale Dialektik besteht darin, daß auch diese verlogenen Argumente recht haben. Es wird überhaupt das Ergebnis dieser Betrachtungen sein, daß es keine Handlungsanweisung gibt. Zu jedem Argument sein Gegenteil, zu jedem Fall eine Gegenpräzedenz, zu jedem Urteil einen gegenteiligen Fall, zu jedem Satz die gleichwertige Kontradiktion. Es kann im einen Fall sinnvoll sein, die Akte zu veröffentlichen, im anderen, sie dem Betroffenen zuzustellen, im dritten, sie einem Historiker zu geben, beim vierten ist der Inhalt so erbärmlich, daß man sie am besten verbrennt. Und das kann völlig unabhängig davon sein, ob der Bericht stimmt oder erlogen ist.

*Das Phänomen.* Das Phänomen, die Erscheinung ist in der Erkenntnislehre das Anzeichen, die Bekundung, durch die etwas Dahinterstehendes sich den Sinnen zu erkennen gibt. Wer phänomenalistisch denkt, der betrachtet nur diese Erscheinungen und will nichts wissen über den verursachenden Gegenstand, über das «Ding an sich».

Der Physiker Ernst Mach hat sich auf diese Sinnesdaten konzentriert und verschmäht, etwas über die Existenz des Dings an sich auszusagen. Er hat in unserer Studienzeit die Rolle des negativen Helden gespielt, weil Lenin ihn in einem Büchlein auf seine unbeschreibliche Art «in die Pfanne gehauen» hat.

Meine Erfahrung mit den Gebäuden der Staatssicherheit hat mir Verständnis für die innere Motivation eines solchen Empiriokritizismus eingebracht. Tatsächlich: Von ihr hatte man nur oberflächliche, äußere Sinneseindrücke. Wenn du durch die Frankfurter Allee fuhrst: Der lange, häßliche Häuserblock aus den dreißiger Jahren war 1958 noch allein, gardinenlos, grau, abends brannten einige Glühbirnen ohne Lampenschirme, der Klassenkampf durfte keinesfalls gemütlich werden. Dann wuchs der Kanker immer weiter und verfremdete schließlich das ganze Viertel um die Rusche-, Magdalenen- und Normannenstraße. Wie ein Gebirge türmten sich hinter den Viergeschossern die neuen Hochhäuser, bis in der neuesten Zeit schließlich ein Labyrinth von Gebäuden entstanden war, in dem Tausende von Geheimoffizieren ihrem Tagwerk nachgingen. Ein paar Kilometer weiter kam noch der Neubau der Bezirksbehörde Berlin der Staatssicherheit hinzu: ebenso abweisend, unfreundlich, reine Fassade, allerdings moderner, diese Bienenwaben mit dem dunkelbraunen sonnenlichtabweisenden Glas.

Wo begegnete man ihnen? Na, jedes Jahr im Januar bei der Wanderdemonstration zum Friedhof der Märzgefallenen, dem Grab von Karl Liebknecht und Rosa Luxemburg. So nahe ließ man die Gefahr sonst nie an Erich Honecker und seine Garde heran. Knapp zehn Meter vor ihnen defilierten Zehntausende vorbei, selbst bei bitterster Kälte (ich vermute, daß der Politbüroplatz zwischen den Gedenksteinen aus der

Erde beheizt war). Und hinter ihnen und sie einrahmend an der Seite standen sie, in klassenfesten Kampf- und Strampelanzügen: die Schwerter und Schilde der Partei, mit dem unnachahmlich starren Blick, die Hand im Geiste in der Achselhöhle, wo entsichert die Waffe hing . . .

Sogar in der U-Bahn. Linie E, Magdalenenstraße (der Station direkt am Zentralquartier Normannenstraße), stiegen immer die Aktentaschen aus. Bereits Frankfurter Allee straffte sich der stets gleichmütige Blick. Ein typisches Zeichen: Frauen gleich Männer. Nie habe ich das in anderen Populationen beobachtet. Frei von jeder Spur von Balzgehabe oder Koketterie. Stets auf der Wacht. Zum Sinneseindruck gehört auch, daß man dem Weißen im Auge des Klassenfeindes standhielt.

Wehe, wenn du einen beobachtend ansahst! Wurde er deines Blickes gewahr, dann kam kalt und unbewegt der Gegenhalt. Open end. Sie müssen das in speziellen Kursen geübt haben: dieses Abschalten der Rückkopplung aus dem leeren Blick, trotzdem die beobachtenden Strahlenbündel. Ohne zu weichen. Nie habe ich einen ausweichenden Blick erlebt. Es war der Stolz des Tschekisten: Niemand wird dich je zwingen, die Augen niederzuschlagen. Das wäre des Klassenfeindes feiges Ausweichen.

Die geschulte Unnahbarkeit, die sich durch Unauffälligkeit verriet. Abends stand der Lada 1600 vor der Tür, mit vier Personen besetzt, die wie Krokodile anscheinend gleichmütig auf dich starrten, wenn du zur Telefonzelle wolltest. Auch hier der bewegungslose Antwortblick. Ein Moment. Der platte Sinneseindruck. Keine Dynamik. Den Rest besorgte deine Einbildungskraft. Sie nahm den Blick zum Auslöser, eine Emotion zu erzeugen: Angst, Panik, Wut, aber auch aktive, lässige Gleichgültigkeit.

Das Phänomen war so ganz anders als das Nuomenon, das Ding an sich dahinterstehend. Deshalb ist die Lektüre der Akten so enttäuschend: Was habe ich nicht alles in ihren Basiliskenblick hineingeheimnist. Und statt dessen dieser banale Blödsinn.

Wir haben ihnen zuviel Intelligenz zugetraut.

# 6
# Der Spiegel des Klassenfeindes oder Die Kopfarbeit des Reisekaders

Der Status des Reisekaders geriet in der Spätzeit des realen Sozialismus zum Sinnbild kreativer Erfüllung aller beruflichen Zielvorstellungen. Das eigene Gesellschaftssystem war so weit ausgehöhlt, daß Kopfarbeit nur noch vor dem Spiegel stattfand, den der Klassenfeind aufgestellt hatte. Es war Suggestion durch den Spiegel, schließlich Hypnose durch den Spiegel. Der folgende Text stammt aus dem Jahre 1985, ich habe ihn oft in kleinem Kreise vorgelesen. Er soll die Mentalität des Intelligenzlers vor dem Einsturz der Gipssäule kennzeichnen. Ich lasse ihn deshalb unverändert.

## Das Rückenleiden des Kaders

Wer keiner ist, nörgelt. Will es gar nicht mehr werden. Diese Lauferei nach dem Paß. Dieser krumme Rücken vor den Weibern in der Auslandsabteilung, die jeden Antrag ganz leicht verschwinden lassen können und selbst keine Chance haben, je eine Dienstreise in den Westen zu bekommen: Sie können dich am Nasenring führen.

Die Sofortberichte nach dem Kongreß: ekelhaft, alles EDV-gerecht aufschreiben zu müssen und dann nirgends etwas sagen dürfen, das auch nur im geringsten davon abweicht oder gar darüber hinausweist.

Wer Kader ist, redet besser nicht darüber. Er hat eine Art geistigen Bandscheibenschaden in der Wirbelsäule, delikatleicht gekrümmte Haltung, jeden Augenblick des Zuschnappens gewärtig, daß die Klappe hinuntergeht und es aus ist mit der Reisefähigkeit.

## Äußerungen von Reisekadern

Vom Pudel sagt der Kettenhund: Wenn sie doch mich hinausließen anstelle dieses Fatzkes. Dann wäre ich nicht mehr so bissig. Die müssen ja bekloppt sein, sich so ins eigene Fleisch zu hacken, ihre besten Leute einzusperren. Jeden Abend könnte ich ihnen was heimbringen, ein Kaninchen, ein Rebhuhn. Dieser Esel bringt doch nur ein leeres Maul nach Hause!

Vom Kettenhund sagt der Pudel: Der ärgert sich doch nur, daß er keinen Erfolg hat, und projiziert seine Krise auf die Umwelt. Schön, ich finde es auch nicht richtig, daß er im Zwinger ist usw. Aber auf jeden haben sie *dort* auch nicht gewartet, *so* interessant, wie er sich einbildet, ist er auch nicht. Und das ewige Gejaule, wenn der Mond scheint, das geht allen auf den Nerv.

Schafe wollen immer weg, sagt der Schäferhund bei sich. Man muß sie zu ihrem Glück beißen. Nur in der Herde können sie ruhig grasen. Der Wolf würde sie sofort reinlegen. Im Schafspelz, mit Kreide in der Stimme.

Lieber nicht, sagt der Diplomökonom. Das Zeug, das man denen aufschwatzen soll. Ich lauf doch nicht mit einem Bauchladen voller Ramsch herum und suche Tauschpartner für barter economy!

*Heimkehr Flughafen Berlin-Schönefeld:* Airport Amsterdam-Schiphol. Auf den Plastbeuteln sieht der Aufdruck bombastisch aus. Aber es ist wirklich harte Arbeit, mit den paar lächerlichen Taschengeld-Dollars zu jonglieren und sich nicht zu verrechnen, so daß die Spesenabrechnung noch stimmt.

*Hart ist der Dienst:* Na ja, wie soll's schon gewesen sein. Die kochen auch nur mit Wasser im Westen. Und letzten Endes freut man sich, wenn es wieder nach Hause geht.

*Ich bin ein guter Bote der sozialistischen DDR:* Vorstellungen über uns in der DDR haben die, sagenhaft! Aber das kann man nicht mit ein paar ND-Parolen geraderücken, wie diese Reisedirektivenschreiber sich das einbilden. Das braucht Überzeugungsarbeit und Vertrauen, das sich erst nach langer Kooperation bildet. Deshalb muß ich dabei bleiben, Reisekader ist eine Langzeitinvestition. Auch politisch.

*Schriftstellerlesung nach Heimkehr von USA-Reise:* Was mich interessieren würde, Frau Dr. R., wie kommt man eigentlich zu einer solchen Reise, über die Sie hier so interessant vorgetragen haben? Und wie stehen Sie dazu, daß die meisten anderen keine Chance . . .?

Hast du auch soviel kleinkarierte Aggression nach deiner USA-Reise erlebt? Man mag schon gar nicht mehr darüber erzählen.

Warum erzählen Sie das alles eigentlich mir? Und was wollen Sie eigentlich von mir, soll ich vielleicht meine Einladung zum Kongreß absagen, nur weil zwanzig andere keine haben oder mit ihrer Dienststelle nicht klarkommen? Glauben Sie, *ich* finde diesen ganzen Kaderzirkus in Ordnung?

*Ganz oben sitzen kluge Leute, abgeschottet durch Beton:* Also ich habe bei denen im ZK die Erfahrung gemacht, daß man offene Türen einrennt. Da hat jeder ein Einsehen, aber machen Sie mal was gegen diese Aktionseinheit von Bürokratie,

Sicherheit und Querschlägern von drüben, die ja auch ihre Rolle spielen.

*Auszug aus politischem Reiseberichtsteil:* Dem Reisenden wurde wiederholt versichert, daß die gute Arbeitsmoral und Vorbereitung der DDR-Kader von der einladenden Seite stets hoch eingeschätzt werden. Am gleichen Institut verfüge man über Erfahrungen und Vergleichsmöglichkeiten mit Kadern aus Algerien, Sri Lanka, Rumänien und der VR Polen. Es wurde dem Reisenden angedeutet, daß der Kooperation mit der DDR wegen der prinzipienfesten Sachlichkeit der Vorzug gegeben würde.

*Sofortbericht:* Mit je einem Buchstaben pro Kästchen auszufüllen. Umlaute sind aufzutrennen. Für Wortzwischenräume ist ein Leerkästchen freizulassen.

| | | |
|---|---|---|
| Kontaktperson | Name: | Leblond |
| | Vorname: | Jean-Pierre |
| | Titel: | Dr. |
| | Geburtsjahr: | nicht bekannt |
| | Beruf: | Physiker |
| | Spezialgebiet: | Astrophysik galaktischer Systeme |
| | Dienststelle: | Université Libre de Bruxelles, Institut d'Astronomie |
| | Privatadresse: | Bruxelles 15, Rue Gontard 22 |
| | Familienstand: | verh. |
| | Kinder: | 2 (15 J., m.; 12 J., w.) |
| | politische Einstellung: | liberal-konservativ, bürgerlich |
| | Hobby: | Segeln |

An Besuch der DDR

interessiert: Ja
Kontakte im soz. Lager: Ja
besondere Bemerkungen: entfällt

*Aus wissenschaftspolitischem Berichtsteil:* Die kombinatseigene Erzeugnispalette wurde, in Übereinstimmung mit der Reisedirektive, in Form eines wissenschaftlichen Informationsvortrages vorgestellt. Die Ankündigung erfolgte durch schriftliche Einladung mit korrekter Betriebs- und Staatsangehörigkeitsbezeichnung des Reisenden. Neben dem Rednerpult war ein Fähnchen mit korrektem Staatswappen der DDR angebracht.

Das Echo in der anschließenden Aussprache war durchaus positiv. Kritische Einwände bezogen sich auf die bereits in Vorlage 18/78 vorgeschlagenen Änderungen in der Formgestaltung gepreßter Produkte.

Unterkunft: Pension Lucille
Kategorie: C
Adresse: Rue Beauregard, 12
Bruxelles
Vermittlung erfolgte: über Organisationsbüro gemäß Anmeldungsformular
Übernachtungszeitraum
(An-/Abreise): 25.10.–27.10.1978
Zimmer Nr.: 23
Zimmer-Typ: Einzelzimmer
Ausstattung
Fernsehen: Ja
Außenantenne: Ja
Dusche: Ja

Wanne: Ja
Radiogerät: Ja
Hotel-Lautsprecher: Ja
Doppeltüren: Ja
Doppelfenster: Ja

*Auszug aus wissenschaftspolitischem Berichtsteil:* In politischen Diskussionen ließ sich in aufgeschlossener Atmosphäre besonders die Friedenspolitik der DDR argumentativ gut untermauern. Speziell die Erfolge im Bildungswesen und die beispielgebenden sozialpolitischen Maßnahmen wurden mit großem Interesse zur Kenntnis genommen. Liberale Gesprächspartner ließen positive Aufgeschlossenheit erkennen. Bei eher konservativen Kollegen beschränkte sich die Diskussion auf den Austausch unvereinbarer Ansichten, wobei die Gesprächsführung der Partner durchaus sachlich korrekt war.

*Kontaktaufnahme durch KA-Kollegen* (KA = Kapitalistisches Ausland): So you're from East Germany, aren't you? I once met with a chap who had spent a few months there . . .

*Es entwickelt sich eine freundliche Einladung zu einem Seminar in die westliche Universität. Im vorauseilenden Gehorsam sofortige Ablehnung, weil Genehmigung durch übergeordnete Organe als ausgeschlossen eingeschätzt wird:* Oh, sure, it would be great to attend such a meeting in your country, but I'm afraid my teaching commitments won't allow me . . .

*Ungleichverteilung wird beklagt:* Also geht Ihnen das auch so, ich komme mir richtig snobistisch vor – aber ich habe die ewige Rumfahrerei herzlich satt. Am liebsten würde ich mal ein ganzes Jahr lang jedes Wochenende auf der Datsche und im Garten verbringen . . .

*Politischer Berichtsteil, er möchte noch mal in die USA:* Der volkswirtschaftliche Nutzen des Aufenthaltes bestand darin, daß durch den Reisenden ohne devisenpflichtige Lizenznahme für die Erfüllung der Planaufgaben im Tätigkeitsbereich wichtiges wissenschaftliches Know-how in die DDR überführt wurde. Zur Vertiefung der Kooperation und Vervollständigung der Information bez. der erwähnten Spezialmethoden wird ein etwa dreimonatiger Arbeitsaufenthalt des Berichterstatters im 1. Quartal 1986 für notwendig erachtet.

*Macht sich lieb Kind, verdirbt die Spesen:* Durch sparsamen Umgang mit der Finanzausstattung zum persönlichen Verbrauch konnte ein Valuta-Betrag von 132 US-Dollar an den Reisefonds der Akademie zurückgeführt werden.

*Raffinierte Taktik:* Ich entwerfe die Reisedirektive immer, indem ich bei Erich Honeckers Reden abschreibe. Ich lege mir einen Zettelkasten von passenden Aussprüchen an und schreibe mir genau auf, wo ich sie gefunden habe. Da soll mich der Parteisekretär mal anpinkeln, da holt er sich eine Kopfnuß: gegen Honecker zu polemisieren!

*Aktenauszug. Aus der persönlichen Charakteristik eines Reisekaders, der GVS-verpflichtet ist. Deckname Planck, Quelle: seine Sekretärin und Mätresse:* Aus streng internen Hinweisen ist bekannt, daß der Planck ein leidenschaftlicher Liebhaber des Komponisten Bach ist, speziell von dessen sog. Goldbein-Variationen ...

*Auszug aus dem Jahresbericht an den zuständigen Stellvertretenden Minister im MfS:* Der operative Wert von KA-Reiseberichten von Reisekadern aus dem wissenschaftlichen Bereich ist weiterhin unzureichend. Es bestehen Tendenzen einer formalen Berichterstattung, wobei nur «global-konkrete» Fakten genannt werden. Insbesondere ist es nicht in ausreichendem Maße gelungen, spezifisch personenbezogene Informationen über ausländische Wissenschaftler aus aufklärungsrelevanten Bereichen zu erhalten. Es wird vorgeschlagen:

– dieser Problematik in den Reisekaderschulungen besondere Aufmerksamkeit zuzuwenden,

– durch gezielte Stichproben (möglichst unter Konfrontation der Berichtenden mit unabhängig nachweisbar falschen oder gezielt unklaren Berichtsangaben) eine bestimmte Unruhestimmung zu erzeugen, um ausweichende Berichterstattung zu bekämpfen.

## Curare

Das indianische Pfeilgift lähmt alle Muskeln. Bei vollem Bewußtsein bist du unfähig, dich zu bewegen, sogar unfähig zu atmen.

Ähnlich lähmend sind die neuesten Enthüllungen über die Stasi. Gierig liest du sie durch. Es ist nackte Krimiunterhaltung. Aber auf die Frage: Wie soll denn nun mit dem Stasi-Komplex verfahren werden? – keine Antwort!

Im Dezember 1989 wird dir ein anonymer Brief zugespielt, in dem jemand, der vorgibt, Führungsoffizier der Stasi gewesen und jetzt beurlaubt worden zu sein, dir mitteilt, daß Wolfgang Schnur (Deckname «Torsten»), Lothar de Maizière (Deckname «Czerni») und andere jahrelang Mitarbeiter der Stasi gewesen sind. Für dringende Fragen gibt er dir eine indirekte Rückadresse an, die du benutzen kannst, um zu ihm zu gelangen.

Was stellst du mit dem Brief an? Er ist wie ein Curare-Pfeil. Was soll ich denn mit dieser absurden Behauptung anfangen? Gott sei Dank, der Brief ist anonym: also Papierkorb.

März 1990. In der Presse wird Wolfgang Schnur beschuldigt. Lothar de Maizière wird beschuldigt. Ibrahim Böhme wird beschuldigt. Die Decknamen «Torsten» und «Czerni» tauchen auf.

Schnur bricht seelisch zusammen und gibt alles zu. Er beichtet einer Illustrierten, will nur zur Rettung seiner Mandanten informiert haben.

De Maizière gibt Kontakte dienstlicher Art zu, bestreitet formale Verpflichtung und schriftliche Berichte über Personen. Verbittet sich die dauernde Fragerei.

Ibrahim Böhme bestreitet alles und tritt zurück.

Nur einer der in dem Brief Beschuldigten war klug und hat sich aus der Politik zurückgezogen.

Warum klug? Wegen des Teerfleckphänomens: Du wirst offenbar nur beschuldigt, wenn du ein öffentliches Amt anstrebst. Und da erhältst du den Fleck, ganz gleichgültig, ob du je mit dem MfS zu tun hattest oder nicht.

Die Stasi kann Akten über dich geführt haben, ohne daß du Informant warst. Sie kann dich als Inoffiziellen Mitarbeiter geführt haben, obwohl du nie einverstanden warst. Sie kann deine Berichte gefälscht haben, technisch ist das kein Problem. Sie konnte im Herbst '89, sie kann noch heute Akten herstellen, die als echt gelten werden – Hauptsache, sie sind in den entsprechenden Ordnern auffindbar. Du kannst also jede Enthüllung abstreiten, es gibt weder ein Verfahren, dich zu überführen, wenn du leugnest, noch eins, dich zu entlasten, wenn du das Opfer einer Intrige bist. Das klügste ist tatsächlich, aus dem Rampenlicht zu verschwinden.

Gerade das aber mag das Ziel der Enthüllung sein: dich abzuschießen. Es mag Rachedurst dahinterstecken, Haß gegen die neuen Machthaber, Gier nach den Honoraren der Zeitschriften. Drahtzieher mögen machtpolitische Interessen haben.

Im Dezember 1990, bei Lothar de Maizière, ist die Enthüllung noch von politischer Bedeutung. Sie kann gegen ihn gerichtet sein, gegen seine Kandidatur als Minister, gegen die CDU-Blockflöte, gegen die CDU West.

Seine Freunde werden auf Distanz gehen, werden sagen, daß die Sache geklärt werden muß, «so oder so», die Kandidatur wird suspendiert, bis . . . ja, bis zum St.-Nimmerleins-Tag, denn wie soll der Teerfleck wieder beseitigt werden? Selbst wenn alles erlogen wäre? Wäre es nicht klug, gar nicht erst zu kandidieren? Wieder ins nichtpolitische Berufsleben zurückzugehen, um der Medienaufmerksamkeit zu entgehen?

Es wäre klug, das stimmt, vorsichtig und klug. Es würde bedeuten, daß auf Jahre hinaus kein DDR-Eingeborener eine Chance hätte, einen herausgehobenen Platz in Politik, Wirtschaft, Justiz, Legislative oder in den Medien einzunehmen. Es würde den Kolonialstatus der «fünf neuen Bundesländer» besiegeln.

Enthüllen? «Aufarbeiten»? Oder vergessen, unter den Teppich kehren, um einen neuen Anfang zu wagen?

Wieder diese Pfeilgiftlähmung: Ich weiß es nicht.

Ebenso die Akten: Veröffentlichen? Damit ein für allemal alles auf dem Tisch ist und der Zeitzünder ausgelöst?

Oder in den Berg versenken, einbetonieren? Damit Ruhe herrscht? Damit prinzipiell keine Akte mehr existiert, außer im Kyffhäuser? Und wenn dann doch heimlich gezogene Kopien auftauchen? Belastende mündliche Zeugnisse? Wie soll man das richtigstellen, in den Zusammenhang zurücksetzen?

Die Akteninhalte können sein:

Wahr, zutreffend, einfühlsam, belanglos, bösartig, lügenhaft, gefälscht.

Sieht man dutzendseitenweise Stasimaterial durch, dann fällt vor allem die abgeschmackte Fadheit des Informationsmaterials auf. Wie durch eine schlechte Brille ist alles Lebendige in einen Schmierschleier der Langeweile getaucht.

Das war ganz anders, als der Apparat noch in Funktion war. Er hatte die Aura des Allwissenden, Allmächtigen. Man kam sich vor wie ein Kind, das Angst hat vor der übermächtigen Gewalt des Erziehers, des strengen Vaters. Waisenkinder, Heimkinder, im wörtlichen Sinne wie auch im weiteren Verständnis, Menschen, die früher und bis in die Gegenwart reichend an Unsicherheit, Ichschwäche litten, waren für die magische Gewalt der Lossprechung von begangenen Sünden besonders empfänglich.

Ich habe Monika aus Katja Havemanns und Irena Kukutz' Bericht «Geschützte Quelle» vor mir, wenn ich über Menschen nachdenke, die nicht die Kraft aufbrachten, sich aus der Umklammerung zu lösen. Es war Doppelversicherung, nach beiden Seiten. Gute Freundin von Bärbel Bohley zu sein und gleichzeitig bei «denen» rückversichert und für die geheimen Informationen gelobt.

Ich muß auch an meinen Mitschüler Klaus O. denken, der mir in der zweiten Schulklasse stolz zwei Mark zeigte, die er irgendwie erworben hatte. Er sagte: Die geb' ich Wolfgang Ulbricht, damit er mir beisteht. Unnötig zu sagen, daß Wolfgang der Stärkste in der Klasse war, sich überall energisch durchsetzte, das Geld nahm und sich trotzdem im Notfall nicht zur Hilfeleistung für den stets Verprügelten verpflichtet fühlte.

Von der Stasi ging auch Faszination aus. Mancher glaubte, über sie etwas erreichen zu können, was auf geradem Wege nicht gelang. Sie zeigten vermeintlich schwere Verfehlungen von Vorgesetzten oder Behörden an, in der Hoffnung, daß die Stasi denen einheizen würde. Andere bildeten sich ein, der Stasi ihre Deutung aufreden zu können. Sie informierten, um den Beobachteten zu schützen.

Oder es waren ärmliche Wichtigtuer. Endlich hört mir einmal jemand geduldig zu. Ich habe doch so viel zu sagen. Sie nehmen mich ernst. Das Vertrauen darf ich nicht enttäuschen.

Die Banalität zeigt sich erst nach der Demaskierung. Die Schreckensmaske, die dir das Blut erstarren ließ, ist eine schäbige Bemalung auf einer Preßform aus Pappmaché. Lächerlich, daß man darüber erschrecken konnte.

## Auch du, mein Brutus!

Lothar de Maizière sagt den Medien:

Keine Mitarbeitsverpflichtung unterzeichnet.

Kein Geld genommen.

Keine Berichte über Personen gegeben.

Gespräche mit MfS waren im Rahmen meiner dienstlichen Verpflichtungen unabwendbar.

Ich müßte das auch so sagen, wenn die Frager hinter mir her wären. Auch ich habe mehrere Male der Stasi zu Gesprächen Informationen gegeben. Auch ich bin «tätig gewesen», wie der Sonderbeauftragte Gauck das im Fall des Rektors der Ostberliner Humboldt-Universität Fink genannt hat. Auch ich bin im öffentlichen Dienst tätig und könnte fristlos entlassen werden. Auch ich würde mich vehement dagegen zur Wehr setzen. Allerdings anders als Lothar de Maizière und Heinrich Fink. Ich würde darstellen, was in den geheimnisvollen Gesprächen stattgefunden hat.

In meiner Vita gibt es zwei Vorgänge, über die Berichte in den Stasiakten sein müssen, ohne daß sie eindeutig als Pid oder PUT gekennzeichnet sein können (Politisch-ideologische Diversion bzw. Politische Untergrundtätigkeit). In einem Fall geht es um Personen.

1976 war ich Leiter einer wissenschaftlichen Abteilung im Zentralinstitut für Molekularbiologie in Berlin-Buch. In dieser Rolle hatte man des öfteren Beurteilungen über seine Mitarbeiter abzugeben, zum Beispiel beim Antrag auf Prämie oder Gehaltserhöhung oder wenn eine Doktorarbeit eingereicht werden sollte. Oder wenn es um eine Kongreßreise ins sozialistische Ausland ging. Echte Reisekader NSW habe ich nie zum Mitarbeiter gehabt (NSW: nichtsozialistisches – ja, was, das habe ich bis zum Ende nicht mitbekommen: NS-Wirtschaftsgebiet oder -Währungsgebiet). Zur Beurteilung gehörte auch eine «Einschätzung» des gesellschaftspolitischen Einsatzes der Betroffenen. War er Mitglied der SED, dann war das eine Formsache, weil ein Nichtgenosse gar nicht urteilsfähig war. Man schrieb dann etwa: «Er ist Mitglied der SED und vertritt im Kollektiv seinen politischen Standpunkt mit großem Einsatz. Er ist Mitglied der Betriebskampfgruppe.» Das erste war billig, weil sich in seiner Gegenwart ohnehin niemand auf ernsthaften Meinungsstreit einließ. Das letztere dagegen war tatsächlich ein politisches Opfer, denn es bedeutete, daß er den Sonntag des öfteren im «Strampelanzug» (Kampfgruppenuniform) im Straßengraben zubrachte, während die anderen Mitarbeiter ihren Garten pflegten.

Die Beurteilung eines Nichtgenossen war komplizierter. Er brauchte Schutz, denn sonst würde er seinen Antrag nicht durchbekommen. Man konnte also nicht schreiben: «In politischen Fragen hat er stets einen wohldurchdachten, oft kritischen Standpunkt, den er konstruktiv in die Aussprachen im Kollektiv einbringt.» Man konnte auch nicht schreiben: «Er hält sich in politischen Diskussionen zurück.» Das ging nicht, wenn er den Antrag durchsetzen wollte. Es war auch späterhin belastend, wenn jemand so als graue Maus eingestuft war. Also schrieb man und zeigte es dem Betroffenen, um sein augenzwinkerndes Einverständnis zu bekommen: «Er ist mit hohem persönlichem Einsatz auch bei schwierigen Aufgaben bei der Sache. Er hat einen positiven Standpunkt zur Friedenspolitik der DDR und zum KSZE-Prozeß und vertritt diesen in politischen Diskussionen.» Oder etwas ähnlich Pflaumenweiches.

Was hat das alles mit der Stasiakte zu tun?

Ganz einfach: Wenn dem Mitarbeiter politisch irgend etwas «zustieß», dann war man mit diesen freundlichen Urteilen belastet.

Und 1976 stieß einem Mitarbeiter so etwas zu: Er verschwand mit seiner Ehefrau in den Westen. Gott weiß, wie er das gedeichselt hatte.

Wir erfuhren das auf dem Dienstweg. Offenbar hatte Grenzpolizei oder Stasi die Sache aufgeklärt und einen düsteren Orakelspruch an das Institut weitergegeben (zum Glück für den Fliehenden in diesem Fall *nach* vollzogener Flucht).

Jetzt waren wir kompromittiert. Ich als Abteilungsleiter mit meinen Beurteilungen, und das «Sozialistische Kollektiv» und «Kollektiv der Deutsch-Sowjetischen Freundschaft» mit seinen Bekundungen der Verschworenheit für die gemeinsame gute Sache. Einer aus unserer Mitte hatte ein Verbrechen begangen, und wir hatten nicht nur nichts geahnt und nichts gemeldet, sondern wir hatten es auch an Wachsamkeit fehlen lassen, hatten ihm an zentraler Stelle wichtige Forschungsaufgaben übertragen. Dafür gab es Belege in Gestalt älterer Beurteilungen. Wir hatten eine Viper an unserem Kollektivbusen genährt.

Es mußte eine gemeinsame Stellungnahme her. Wieder sehr delikat: Wir brauchten zwar keine Rücksicht auf ihn zu nehmen, er war ja in Sicherheit (hätten sie ihn gefaßt, wäre die Sache viel heikler gewesen). Aber hinterhertreten wollten wir auch nicht. Vorher hatten wir ihn im Kollektiv umarmt, und jetzt als Verräter brandmarken?

Unsere Stellungnahme fiel lahm aus. Wir gaben uns bestürzt, konnten den Schritt überhaupt nicht verstehen, verwiesen auf den gewachsenen Zusammenhalt des Kollektivs, vermuteten familiäre Probleme und Kurzschlußhandlungen und bedauerten den Schritt. In Zukunft wollten wir die Reihen dicht schließen und die Planaufgaben mit noch größerem Einsatz angehen.

Zwei Jahre später traf ich den Mitarbeiter auf einer internationalen Tagung. Seine Frau und er baten mich diskret um ein Treffen, falls ich mich nicht durch das Ansinnen belastet fühlte. Wir trafen uns in einem Café außerhalb der Stadt, erzählten uns alles Neue. Ich erfuhr, daß er immer noch eine befriedigende Stelle suchte und daß er Heimweh hätte. Leider wurden wir zusammen gesehen, und das zwang mich, das Treffen, das eine «ungesetzliche Verbindungsaufnahme» darstellte, im Reisebericht ausführlich zu erwähnen. Ich tat das. Ich schrieb auf, was ich erfahren hatte.

Das brachte mir eine Einladung in die Abteilung Auswertung und Kontrolle im Gelände der Institutskomplexe ein. Dort saß ein Herr Engel, stellte sich unverblümt als Mitarbeiter des MfS vor und ersuchte mich um eine Unterredung über den Reisebericht in seiner Dienststelle (die sich als Außenstelle im Ministerium für Wissenschaft und Technik, genannt MWT, befand).

«Aus damaliger Sicht» (wie Egon Krenz so schön formulierte) konnte ich mich nicht um die Unterredung drücken. Es ging ja nur um nähere Auskünfte in einer dienstlichen Angelegenheit. Ich ging also ins Ministerium (Köpenicker Straße) und wurde von Herr Engel am Eingang erwartet und ohne Formalität ins MWT eingeschleust. Ich war früher schon in fachlicher Angelegenheit dort gewesen, jedesmal nur nach Anmeldung und strenger Ausweiskontrolle.

Es wurden mehrere Gespräche. Jedesmal etwa eine Stunde. Und das Ende stets so ausgerufen, daß noch etwas Wichtiges offenblieb, so daß man seufzend einen weiteren Termin einräumte.

Es war so freundlich, diplomatisch und samtpfotig, wie nur eine Katze mit einer Maus spielen kann. Ich hatte die Strategie der Offenheit, die mir erfahrene polnische und sowjetische Freunde für solche Begegnungen empfohlen hatten. Das war, «aus heutiger Sicht» (Krenz), ein Fehler. Nicht daß ich in dem allgemeinen Palaver über Personen nachteilig berichtet hätte – es war einfach falsch, überhaupt irgend etwas über das Institut und seine Aufgaben und Mitarbeiter zu erzählen. Zumindest konnten sie daraus branchenspezifische Insiderinformation entnehmen und bei anderer Gelegenheit andere Leute zur Offenheit veranlassen, indem sie ihren guten Kenntnisstand vorwiesen.

Sie wollten von mir, daß ich als Vertrauensperson dem geflohenen Mitarbeiter ein Angebot machen sollte. Er könne zurückkommen. Sie wären bereit, ihm west-notariell oder Ständige-Vertretungs-notorisch beglaubigt zu versichern, daß es kein Verfahren wegen ungesetzlichen Grenzübertritts geben würde. Man wollte ihm lediglich Gelegenheit geben, einen Fehler zu korrigieren. Es gäbe Informationen auch aus seinem Familienkreise, daß er mit dem Gedanken der Heimkehr spiele, aber Angst vor Strafe hätte.

War das ehrlich gemeint? Ich weiß es bis heute nicht.

Ich habe, nach einigem Zögern, Verbindung mit seinen Eltern aufgenommen, die nur bestätigten, daß ihr Sohn sich nicht wohl fühlte und vielleicht eine Rückkehr erwägen würde. So habe ich schließlich einen Brief geschrieben und ihm das Angebot unterbreitet («Kompetente staatliche Seiten würden Ihnen verbindlich zusichern, daß es kein Verfahren geben wird, falls Sie an der Rückkehr interessiert sind»).

So war ich für das MfS tätig. So wurde ich zum Lockvogel der Stasi.

Einige Zeit nach der Absendung kam ein freundlicher Dank für das Angebot: Es käme nicht in Frage. Mir fiel ein Stein vom Herzen. Mit dem Kollegen bin ich noch heute im Briefwechsel.

Vor mir liegt ein Fragebogen für die Aufnahme in den öffentlichen Dienst. «Sind Sie für das frühere MfS tätig gewesen, ja/nein? Wenn ja, in welcher Weise? Falsche Angaben können die fristlose Kündigung nach sich ziehen.»

Ich schreibe: Nein.

Was ist, wenn neben leeren Aktendeckeln ein Dokument der Hauptabteilung XX auftaucht, daß der IM mit dem Decknamen «Naivus» «für die Rückführung von Republikflüchtigen verpflichtet werden konnte»?

Sage ich dann auch: Keine Verpflichtung, kein Geld, kein Verrat, und bin meinen Job los?

Der zweite Vorgang. Wieder zwang mich ein Mithörer zum Bericht an die Stasi.

Ich hatte 1984, nach der Abberufung als Abteilungsleiter und der Auflösung meiner Abteilung auf Grund von Mißhelligkeiten mit Dienstherren und Stasi, eine Einladung zum Hauptvortrag auf einem internationalen Biochemiekongreß in Moskau erhalten. Das war für die Vorgesetzten insofern peinlich, als diese Ehre nur noch einem weiteren Kollegen unseres Instituts zuteil geworden war.

Im Jumbo-Jet Tupolew nach Moskau saß eine hundertköpfige DDR-Delegation zum Kongreß. Im nächsten Jet müssen ebenso viele Mitarbeiter der Staatssicherheit zur «politischen Absicherung und Abschöpfung» des Kongresses gesessen haben. Jedenfalls habe ich alle mir bekannten Mitarbeiter, auch Herrn Engel, in diesen Tagen in Moskau gesehen. Ob auch die anderen Delegierten sich so hoher Aufmerksamkeit erfreuten, kann ich nur vermuten. Jedenfalls bin ich noch nie so genau beobachtet worden – ich kam mir vor wie eine junge Braut. Drei- oder viermal war ich in der Gesellschaft von ausländischen Kollegen und wurde auf der Straße und im Foyer des Hotels Rossija mit unerwartetem Lichtblitz fotografiert. Ein Kollege (SED-Genosse) gestand mir später, daß er ebenfalls zur unauffälligen Beobachtung von mir im Kongreßverlauf angeheuert worden war. Die Staatssicherheit vereinte Touristik und Dienst mit wissenschaftlicher Fortbildung (das heißt Fortbildung über das Verhalten der unsicheren Kantonisten, Eierköpfe auf internationalem Parkett). Auch unser MfS-Beauftragter Dr. Kroll aus Berlin-Buch (und noch viele andere, denke ich) besuchten fleißig die Symposien, Lesungen und Cafeterias.

Bei einem Symposion saß er hinter mir und lauschte den Darbietungen, als sich ein alter Bekannter von mir, ein Professor K. aus Edinburgh, neben mich setzte und mich fragte, ob ich den Vortrag einen Moment außer acht lassen könnte. Ich langweilte mich ohnehin und war einverstanden. Da erzählte er mir, daß die britische Delegation (mit mehreren Nobelpreisträgern und anderen internationalen Größen) etwas für Sacharow und die Ausreise-Refuseniks erreichen sollte (so nannten sie, was wir «Antragsteller», die Russen «Otkazniki» hießen). Was ich davon hielte, wenn der Oxforder Hauptredner bei der TV-übertragenen großen Abschlußveranstaltung eine deutliche Erklärung abgeben würde.

Den Stasi direkt hinter mir kannte ich als Hochschulabsolventen. Er hatte den Doktor. Ich hatte bei Gelegenheit erfahren, daß er an einem Französisch-Intensivkurs teilgenommen hatte. Also verstand er wahrscheinlich hinreichend Englisch, zumal der Schotte halblaut, aber sehr dröhnend fragte. Das Gespräch ging «auf Band».

Ich sagte ihm meine tatsächliche Meinung zu dem Vorhaben: Mit einem solchen Anliegen müssen Sie deutlich verstanden werden, sonst ist es Leerlauf. So wie Sie es vorhaben, wird im Einleitungsteil der Rede der Simultanübersetzer einen heftigen Hustenanfall und die Mikrofontechnik eine mehrminütige Panne haben. Es ist besser, Sie wenden sich mit Ihrer Sache an den Präsidenten des Kongresses, Professor Ovchinnikow. Er ist ein hohes Tier und hat Zugang zu Tschernenko oder Suslow.

Später, im Hotel, hatte ich noch einmal englischen Besuch. Im Rossija! Also diesmal mit KGB-Mitschnitt. Später wurde ich im Foyer blitzlichtfotografiert. Mein Zimmergenosse sagte mir, daß Herr Dr. Kroll (der Mithörer beim Symposion) mich dringend gesucht hätte.

Ich muß hier gestehen, daß ich mich nicht zum Le-Carré-Agenten eigne. Ich bekam hundsmäßige Angst. Das war nun doch einige Nummern zu groß. Richtige Politik, die Auseinandersetzung zwischen den Weltmächten um den berühmten Menschenrechtskorb. Ich fürchtete, zwischen die Mühlsteine zu geraten, und erinnerte mich an die Ratschläge, alles offen zu tun. Dann konnten sie mich wenigstens nicht zum Diversanten machen. Als ich den besagten Dr. Kroll (den aus

Berlin) später im Kongreßvorraum sah, ging ich auf ihn zu und sagte: «Ich habe eine Information, die Sie interessieren wird. Die britische Delegation könnte einen öffentlichen Protest wegen Sacharow einlegen!»

Es kam nicht zu dem Protest. Die Briten brachten die Sache tatsächlich auf irgendeinem Empfang vor. Ob auf sowjetische Warnungen hin oder weil sie eingesehen hatten, daß das zweckmäßiger war, kann ich nicht sagen. Ich habe auch Professor K. (aus Schottland) nicht mehr getroffen, um ihn zu fragen.

Ich war, unter Druck, Informant der Stasi und des KGB geworden. Wieviel sie aus den zwei Lauschangriffen ohnehin entnommen hatten, vermag ich nicht zu sagen. Ich habe allerdings später erfahren, daß meine Information ziemlichen Wirbel hervorgerufen hat. In einem Stasi-Gespräch Jahre später haben sie die Angelegenheit in für mich positivem Sinne erwähnt. Welche Schande!

Rudi Schälike, Physiker aus Dresden, der längere Zeit im Stasi-Knast verbracht hat, sagte einmal: Jeder, der mit ihnen zu tun hat, ist Informant. Selbst wenn du kein Wort sagst. Dein Atmen, dein Husten, dein nächtliches Schnarchen, deine Augenfarbe – alles ist Information für sie.

So war, wie Wolf Biermann Anfang der Siebziger sang, die Stasi unser Eckermann. Und wir waren unser eigener Goethe.

Aber was werde ich antworten, wenn ein Schriftstück auftaucht, daß ich der Abteilung wertvolle Dienste bei der Verhütung feindlicher Aktionen geleistet habe? Werde ich die vier Schutzbehauptungen wiederholen?

Nein. Ich werde meine Wahrheit sagen. Daß ich im dienstlichen Rahmen zu Gesprächen gehalten war und ihnen neben vielen gewundenen und ausweichenden Nichtinformationen auch zweimal Wichtiges übermittelt habe. Erst nach

Jahren, schon mit Kontakt zu Ratgebern aus der Dissidentenszene der DDR und der Sowjetunion, habe ich die einzig richtige Strategie erlernt, die jede Anwerbung sofort beendet: Dekonspiration. Sofort alles ohne Einschränkung den Freunden, Kollegen oder Vorgesetzten erzählen. Das hatte allerdings seine eigenen Risiken: Mißtrauen bei den Freunden, Sanktionen durch die Mächtigen.

So weiß ich jetzt, wie zu handeln war. Es ist glimpflich abgelaufen. Aber einen Stein auf einen Sünder zu werfen, dazu bin ich nicht in der Lage. Und daß jemand Spitzel war, möchte ich auf Hieb und Stich bewiesen haben. Durch Akten *und* Gespräche. Indizien allein sind trügerisch.

# 7
# Verschiedene Ansichten oder Gespräche in entspannter Atmosphäre

Im folgenden will ich eine als dienstliche Unterhaltung aufgezogene Vernehmung dokumentieren, die ich sofort nachher gedächtnisprotokolliert habe. Ich will zeigen:

1. Wie zivil der Umgang oft war. Eine ganz normale Geschäftsunterredung.

2. Meine Angst und den Versuch, souverän zu bleiben. So wie man mit einem drohend knurrenden großen Hund umgeht.

3. Den Verhandlungston zwischen Staatssicherheit und «ideologisch gefährdetem» Vertreter der Intelligenz. Er schwankt zwischen Verweigerung und Kooperation, zwischen Sirenentönen und Peitschenknall.

Das Ziel der Gespräche ist mir letzten Endes nicht deutlich geworden. Einschüchterung? Oder haben sie aufgrund des Gesprächsverlaufs auf ihr eigentliches Ziel verzichtet? Womit habe ich erreicht, daß sie von mir abließen?

9. 7. 85 9 Uhr bis 10 Uhr

(Ich setze meine Antworten in Klammern oder lasse sie fort.)

Also, wir danken Ihnen erst einmal, daß Sie unserer Einladung zu diesem Gespräch gefolgt sind.

Wir wissen das zu schätzen. Für Sie ist es ja eine willkommene Ablenkung. Wissenschaftler leben ja immer in Gedanken, in ihren Sphären.

Mein Name ist Banzer. Ich sage das noch einmal, weil man bei den gemurmelten Vorstellungen in der Tür, bei der Begrüßung, nicht immer alles mitbekommt.

Und der Kollege hier heißt Thieme.

Ach so, wollen Sie vielleicht Tee?

(Danke, nein.)

Also, wir sind Mitarbeiter des MfS. Dr. Kroll hat Sie ja sicher vorbereitet, um was es geht.

Nein? Das hatten wir eigentlich so verabredet.

Einerlei. Wir haben um dieses Gespräch gebeten, weil wir einige Dinge in aller Offenheit klären möchten.

Ach so, möchten Sie rauchen?

(Nein, danke, rauche nicht.)

Wir, das kann ich ja nun offen sagen, wir beide schätzen es ebenfalls nicht, wenn geraucht wird.

Über manches werden wir vermutlich verschiedene Ansichten haben und behalten. Aber ein Gespräch kann hier vielleicht teilweise Übereinstimmung bringen. Das wäre uns sehr wichtig.

Also, lassen Sie mich geradewegs aufs Ziel losgehen: Dr. Guntram Herzfeld. Er gehörte ja auch zu Ihren Bekannten. Er ist ja von uns mittlerweile nach Westberlin ausgewiesen worden.

Welche Verbindungen haben Sie noch zu ihm, wie stellen Sie sich Ihre weiteren Verbindungen zu ihm vor, angesichts der neuen Umstände? Haben Sie überhaupt Kontakt zu ihm?

Noch ein Wort zuvor, bevor Sie antworten: Selbstverständlich müssen Sie uns keine Auskunft geben. Wir bestehen nicht darauf, wir haben gar nicht das Recht dazu.

(Ich bin seit fast zwanzig Jahren mit Herzfeld eng befreundet. Wir haben uns ursprünglich auf dienstlicher Schiene getroffen, als er noch bei der Akademie der Wissenschaften als Philosoph war. Er hat sich damals mit Positivismus befaßt. Sie wissen sicher, daß das enge Beziehungen zu den exakten Wissenschaften hat.

Später entwickelte sich eine persönliche Freundschaft. Ich habe es sehr bedauert, daß es keinen Weg gab, ihn in unsere Gesellschaft zu integrieren.

Jetzt ist er drüben. Für mich ist das ein Verlust. Ich weiß noch nicht, wie es mit uns persönlich weitergehen wird. Die traurige Erfahrung zeigt leider, daß solche Beziehungen mit der Dauer der Trennung langsam eintrocknen, wenn kein Kontakt mehr da ist. Und Westberlin ist ja weiter weg als Honolulu ...)

Wie meinten Sie das: in die Gesellschaft integrieren?

(Er war zehn Jahre ohne Arbeit. Nur etwas Honorararbeit beim Verlag. Ich bin der Meinung, er hätte eine Arbeitsstelle haben müssen, wo er sein Talent hätte entwickeln können, zu unserem Nutzen, anstatt herumzusitzen.)

Sie haben noch nicht auf meine Frage nach den gegenwärtigen Beziehungen geantwortet.

(Was heißt Beziehungen, wenn man sich nicht mehr sieht. Wir rufen uns bisweilen an. Vor einiger Zeit habe ich ihm zum 45. Geburtstag einen langen Brief geschrieben.)

Wie ist er drüben untergekommen?

(Da kann ich Ihnen nur wenig Informationen geben. Seine Frau hat eine Stelle im Krankenhaus, er noch keine. Es wird als Gesellschaftswissenschaftler aus dem Osten nicht leicht für ihn werden.)

Haben Sie etwas über politische Aktivitäten gehört?

(Nein.) *(Das war gelogen!)*

Haben Sie bemerkt, daß Dr. Herzfeld Verbindungen zu

Botschaften anderer Länder und ähnliches hatte? Wir haben solche Hinweise.

(Nein. Sie müssen wissen, daß ich da wenig Auskunft geben kann. Unsere Freundschaft erstreckte sich nicht auf alles. Er hatte viele andere Freunde und war über vieles auch schweigsam. Auch ich öffnete mich nicht in allem, zum Beispiel dienstliche Dinge . . .)

Das wäre ja auch nur korrekt gehandelt!

(Aber man konnte sich in persönlichen Krisen auf seinen Rat verlassen. Im übrigen trafen wir uns des öfteren beim Tee, zum geistigen Austausch, auch mit den Kindern zum Baden am See bei unserem Grundstück, dann auch monatelang wieder gar nicht.)

Hat eigentlich Ihre Teerunde, wo man, wie Sie sagen, geistigen Austausch pflegt, regelmäßigen Charakter?

(Wir treffen uns oft und tauschen uns aus über Theater, Bücher und anderes . . .)

Hatte Dr. Herzfeld eine leitende Rolle, oder hat er die angestrebt? Hat er versucht, dem Ganzen organisierten Charakter aufzuprägen?

(Nein. Er ist sehr gründlich und hat darauf gedrängt, daß etwas durchgeführt wird, wenn man es geplant hat, ein Ausflug, ein Diskussionsthema usw. Aber zu einem organisierten Seminar kann unser Kreis nicht werden. Wir sind außerhalb der Arbeit und wollen uns abends unterhalten und nicht arbeiten.)

Also: eine lose Runde, auch wenn öfters ein Thema gut vorbereitet wird . . .?

(Ja, so ist es.)

*(Mit eindringlichem Blick:)* Gestatten Sie noch eine Nachfrage: Sie sagen also ganz bestimmt, daß es niemals eine von Dr. Herzfeld hergestellte Verbindung mit einem Vertreter einer

westlichen Botschaft, also auch der Ständigen Vertretung gegeben habe?

*(Pause)*

(Wenn Sie so fragen – das einzige, was Sie möglicherweise im Blick haben, war ein Teeabend, bei dem ein zunächst nicht vorgestellter Gast zugegen war, der sich im Gespräch als Westdeutscher herausstellte. Er sollte dann zu weiteren Diskussionen eingeladen werden, aber es gab einige bei uns, die dagegen waren, weil wir unter uns bleiben wollen. Er wurde wieder ausgeladen, und es blieb bei der einen Episode.)

Noch eine Zwischenfrage: Ist es bei Ihnen nicht üblich, sich vorzustellen und den Namen zu sagen und woher man ist?

(Wenn ich Gastgeber bin, und jemand bringt einen anderen mit, dann werde ich natürlich an der Tür flüchtig mit ihm bekannt gemacht, aber ... wie soll ich das ausdrücken?)

Sie lassen sich nicht den Ausweis zeigen?

(So ist es.)

Zu diesem Westdeutschen möchten wir Ihnen folgendes sagen. Sie sind da in eine ganz gefährliche Grube geraten. Er war zu der Zeit bei der BRD-Vertretung für Wirtschaftsverbindungen tätig. Er interessierte sich allerdings weniger für die Vertiefung von Wirtschaftsbeziehungen, sondern reiste in der DDR herum und war überall zu finden, wo sich Aussteiger fanden, Dresdener Punks, der Jenaer Kreis, mit einem Wort überall, wo Leute zusammenkommen, die mit der Arbeiter- und Bauernmacht nicht viel im Sinn haben.

Und hier bot sich die Chance des Einstieges in einen Kreis von Wissenschaftlern und Künstlern, Architekten usw., alles Leute, die einer geregelten Tätigkeit nachgehen, wenn Sie diese Verallgemeinerung erlauben.

Wir haben Grund zu der Annahme, daß Dr. Herzfeld diesen Mann zielbewußt eingeführt hat. Er hat das im Gespräch uns gegenüber offen zugegeben. Hat er Ihnen eigentlich erzählt, daß wir oft mit ihm Unterredungen hatten?

(Nein. Ich sagte Ihnen ja, daß er nicht in allem sein Herz ausschüttete.)

Wir haben nun Anlaß zu der ernsten Beunruhigung, daß er bei seinen Intimkenntnissen der gesellschaftlichen Szene westliche Geheimdienste auf die Spur setzen könnte.

Ich will nicht dramatisieren. Es gibt viele Kreise, viele sind uns bekannt. Die einen musizieren, andere spielen Rommé, andere tauschen sich geistig aus ...

Aber hier ist doch einiges, was uns sehr ernst stimmt. So haben wir zum Beispiel die Information, daß in Ihrem Kreis über Totalitarismus gesprochen wurde und unser System als totalitär gekennzeichnet. Sie haben an dieser Diskussion teilgenommen.

Lassen Sie mich ganz offen dazu ein persönliches Bekenntnis machen. Wir beide sind ja etwa gleichen Alters und haben andere Zeiten miterlebt. Ich hatte zwei Onkel, Reinhold und Herbert. Sie haben mir als Kind viel bedeutet. Jetzt, wo ich das älteste männliche Mitglied der Familie bin, wurde ich mit zwei Briefen bekannt gemacht: einer, in dem meiner Tante mitgeteilt wurde, daß Onkel Reinhold die Ehre hatte, als Offizier für Volk und Vaterland den Heldentod zu sterben, und ein anderer, in dem die Ortsgruppe der NSDAP mitteilt, daß Onkel Herbert bei einem bedauerlichen Unfall ums Leben gekommen sei.

Dieses Erlebnis hat meinen beruflichen Weg stark mit beeinflußt. Daß ich zum Beispiel beim Ministerium für Staatssicherheit bin, um zu verhindern, daß es diese Art Unfälle wieder gibt. Und wenn ich dann höre, daß Sie Totalitarismus und unser sozialistisches System in einen Zusammenhang bringen, dann frage ich mich doch, ob das nicht automatisch

Widerstand und Aktion impliziert. Und das ist der Grund dienstlicher Unruhe, wenn ich von einem Kreis höre, in dem solche Dinge systematisch besprochen werden.

Ich habe Ihnen eine lange Rede gehalten, was sagen Sie dazu?

(Ich bin nicht unbeeindruckt. Auch wie Sie Ihre Sorge menschlich motiviert haben.

Ich kann dazu nur sagen: Wir wollen keine organisierte politische Kraft sein oder werden. Wir haben keine Verbindungen mit Vertretern von Botschaften. Die Beziehung von Totalitarismus und unserem System ist diskutiert worden, aber die Gleichsetzung wurde abgelehnt, wir haben darüber geredet, um einen Begriff zu bestimmen, der im Westsender täglich auftritt. Ich sehe die Rolle, die das MfS bei der Aufrechterhaltung der Stabilität in Europa einnimmt, und auch, wie es in anderen Teilen der Welt zugeht, wo Bürgerkrieg herrscht.)

Welche Meinung haben sie nun zu alldem? Wir haben Ihnen unsere ernste Beunruhigung mitgeteilt und würden gern im weiteren Gespräch mit Ihnen bleiben. Wir sehen durchaus, daß Sie subjektiv nichts Böses wollen, aber das Kind soll nicht in den Brunnen fallen, sondern der Zusammenhang zwischen spielenden Kindern und dem Brunnen soll vorher hergestellt werden.

Unsere Absicht ist, für Sie und Ihren Kreis eine Konfrontation mit der Staatsmacht zu vermeiden. Dieses Gespräch soll eine Warnung sein. Unsere Sicht auf die Dinge ist zum Teil ganz anders als Ihre.

Wir haben keinen Zweifel an Ihrer Loyalität gegenüber unseren Gesetzen. Das Beispiel beim Moskauer Kongreß im vorigen Jahr haben wir durchaus registriert.

Wir schlagen, wenn Sie einverstanden sind, ein weiteres Gespräch vor . . .

(Ich muß Ihnen gestehen, daß ich diese Art Gespräche sehr belastend finde und nicht einsehe, weshalb sie fortgesetzt werden müssen. Ich habe auch, bei aller Offenheit, die ein Prinzip ist, Skrupel, hier über Freunde mit Ihnen zu reden. Ich hätte es auch nicht gern, wenn jemand mit dem MfS über mich ...)

Sie werden bemerkt haben, daß wir unsererseits jeden anderen Namen aus dem Spiel gelassen haben.

Wir möchten Sie eindringlich um ein weiteres Gespräch am nächsten Donnerstag bitten. Wir haben noch eine andere, recht ernste Sache.

Wäre Ihnen 10 Uhr hier in diesem Raum recht?

Hier ist es bequem. Man kann auch härter sitzen.

Übrigens: Wir haben nichts dagegen, wenn Sie den Inhalt dieses Gespräches Ihren Freunden weitererzählen. Das ist eine ganz offene Unterredung gewesen.

18. 7. 85. 10 Uhr bis 11.45 Uhr.

*(Heute nehme ich Tee an.)*

Sie hatten jetzt neun Tage Zeit zum Nachdenken.

Vielleicht haben Sie noch etwas zu Ihren Eindrücken zu sagen?

Gibt es Unklarheiten? Fragen?

(Ja, ich habe nochmals alles durchdacht.

1. Zu den Teegesprächen. Ich möchte nochmals betonen, daß es sich um keine politische Organisation handelt, wie Sie vermuten. Es ist ein kulturell und historisch interessierter Gesprächskreis. Es wird auch keine Organisation werden. Insofern stellen wir keine «Information» für Sie dar.

2. Es ist klar, daß wir gelegentlich auch Gäste dabeihaben. Auch einmal einen Nicht-DDR-Bürger. Das ist in der Hauptstadt eines europäischen Landes wohl kaum zu vermeiden.

3. Guntram Herzfeld. Sie bauen mir hier einen Konflikt auf. Er ist ein Freund von mir. Auch jetzt, wo er in Westberlin ist.

Ich bin überzeugt, daß er kein Feind der DDR ist. Er ist für immer ausgewandert und kann kein Thema für Ermittlungen sein.

Ich habe keine Veranlassung, den Kontakt mit ihm abzubrechen. Es kann keine Staatsgefahr von gelegentlichen Briefen oder Telefonkontakten ausgehen.

Wie sollte ich auch Kontakt einstellen? Soll ich den Hörer auflegen, wenn er anruft?)

(*Hier kam ein sehr langer Monolog. Gekürzt:*)

Kennen Sie aus den westlichen Medien den Fall Dr. Frauendorf? Na, dann will ich Sie kurz informieren.

Unlängst war ein Physikerkongreß in Wisby. Da widmet ein englischer Nobelpreisträger seinen Vortrag öffentlich Dr. Frauendorf. Er bringt eine Resolution der Teilnehmer zur Befreiung und Wiedereinstellung Frauendorfs durch.

Was steckt wirklich dahinter?

Frauendorf sitzt im Gefängnis. Wegen Spionage. Im Herbst wird er sein Verfahren haben. Dessen Ausgang ist natürlich offen, aber eine Verurteilung ist fast sicher, da alle Beweise unsererseits vorliegen.

Er ist ein richtiger Spion. Sie werden es nicht glauben. Mit Vertrag beim Bundesnachrichtendienst. Deckname und so weiter, alles wie im Krimi.

Für ein paar lumpige Westmark hat er sein Institut verraten, seine Heimat. Er hat zum Beispiel, das müssen Sie sich vorstellen, handschriftlich das Telefonverzeichnis des Instituts für Kernforschung der Akademie in Rossendorf abgeschrieben und nach drüben verschoben! So daß man jederzeit einwählen konnte und außerdem die ganze Struktur sichtbar war!

Später, nach dem Verfahren, sind entsprechende Veröffentlichungen zu erwarten. Dann werden Sie sich überzeugen können.

Wozu wir das alles erzählen?

Mich machen die Wissenschaftler mit der Resolution von Wisby betroffen. Sie werden sich schämen, wenn die Belege veröffentlicht werden. Für was sie sich da hergegeben haben.

Sie denken an Demokratisierung und Freiheit, sie sind subjektiv keine Feinde, aber lassen sich objektiv vor den Karren spannen.

In diesem Sinne sind alle Stimmungen und Meinungen bei uns politisch relevant. Überhaupt das Verhalten der Intellektuellen. Sie spielen eine hochwichtige Rolle in der Gesellschaft, daher wird auch der feindliche Angriffshebel dort angesetzt. Das klare Ziel ist Destabilisierung unserer Ordnung durch Destabilisierung der Gehirne der Intelligenz!

In Polen ist das gelungen. Die Versuche in der ČSSR 1968, in Ungarn 1956, in der DDR 1953 sind mißraten. Aber sie geben es nicht auf.

Immer wieder ist das Ziel: von innen auflösen! Unter dem Deckmantel der Kirche, durch Ausnutzung von Idealen. Zum Beispiel Frieden und Abrüstung.

Ansatz erfolgt immer bei Menschen, die subjektiv guten Willens sind. Über die Strategie der Einflüsterung mit scheinbar plausiblen Argumenten: Nicht die USA sind aggressiv, nicht der Imperialismus. Sondern: Die beiden Supermächte vertragen sich nicht. Daran liegt es! Rüsten sei an sich die Hauptgefahr. Dagegen muß man Widerstand leisten. Gegen Reagan *und* Gorbatschow. Jeder soll bei sich zu Hause protestieren. Raketen bei uns müssen raus.

Das ist die typische Situation. Die diesen Argumenten folgen, sind subjektiv nicht böswillig, aber objektiv mißbraucht.

Diese Leute sind immer da, wenn bei uns etwas passiert. Wenn in Jena Studenten ihrem Unmut Luft machen, dann ist immer wer mit Kamera und Mikrofon da. Wie die das eigentlich erfahren, wenn wir sogar Mühe damit haben? Wenn unsere Polizei sich ganz beobachtend verhält – sie hätten es sicher lieber, wenn geschossen würde.

Nun auch zu Herzfeld. Sie werden sich schon über meinen weitschweifigen Umweg gewundert haben. Welche Rolle spielt er? Er wäre ein guter Fall für eine Medienkampagne. Gesellschaftswissenschaftler. Philosoph. Direkt aus der DDR. Für einige Zeit wäre er als Medienwellenreiter geeignet.

Unlängst, Anfang Juli, bevor unser Kontakt mit Ihnen zustande kam, da war in Amsterdam ein Kongreß der Friedensbewegung. Herzfeld war dabei. Seine Rolle war unklar. Er verlas einen Brief von DDR-«Friedenskämpfern», die wegen der Zustände in der DDR verständlicherweise anonym bleiben sollten. Verständlich? Friedenskämpfer in der DDR müssen anonym bleiben? Da sehen Sie seine Verdrehungen.

Wie auch immer: Herzfeld, welche Rolle spielt er? Für westliche Geheimdienste wäre das eine ideale Lenkung, einen solchen Mann Richtung Osten in die Spur zu bringen. Er wäre beschäftigt, würde nicht mehr gegen NATO usw. protestieren, sondern gegen den Osten.

Wir haben mit Herzfeld vor seiner Abreise Vereinbarungen getroffen. Er wollte keine politische Arbeit gegen DDR aufnehmen. Wir haben ihm gesagt, daß eventuell Besuche bei seiner Mutter und seinen Kindern hier von diesem seinem Verhalten abhängen, vom Einhalten der Abmachung . . .

Jetzt sind wir unsicher. Was geht vor? Ist das ein Wortbruch von Herzfeld?

Hier ist unser Anliegen an Sie: Könnten Sie Ihre Verbindung nutzen, um zu erfahren, ob er zu seinem Verhalten steht? Gegebenenfalls ihn an seine Absichten erinnern, vielleicht einwirken, daß er dabei bleibt?

*(Ein bis zwei Minuten Pause. Quälend lange.)*

(Ich muß gestehen, daß ich verwirrt bin. Ich hatte die gegenteilige Forderung, Abbruch aller Kontakte, erwartet.)

Bitte seien Sie ganz offen. Ihre Antwort muß nicht sofort erfolgen. Es soll kein Überfall sein. Wir können uns vertagen.

*(Pause)*

(Also: Ich kann Ihnen sagen, daß Herzfeld kein DDR-Berufsanalytiker werden wollte. Er wollte ganz neu anfangen, Richtung Ökologie und Kultur. Sich auch nicht mit Geheimdiensten einlassen. Auch die Besuchsmöglichkeit hatte er im Blick. Das hat er vor Abreise überall laut gesagt. Ich sehe keine Veranlassung, an seinen Absichten zu zweifeln.)

Die westlichen Dienste haben so ihre Methoden. Wenn er sich zickig zeigt, können sie ihm schon deutlich machen, welche Nachteile das bringt. Die Umstände können auch bei subjektiv guten Absichten Erstaunliches bewirken . . .

Wären Sie bereit, Kontakt aufzunehmen, um herauszufinden und ihn zu erinnern?

(Ich überlege, ob ich ihm einfach offen sage, daß Sie mich danach gefragt haben.)

Nein. Das wäre nicht unser Interesse. Sie sollen nicht den Hörer auflegen. Ihn auch nicht ausfragen. Nur genau hinhören, was er sagt.

Im übrigen: Das «Wie» könnte besprochen werden. Uns interessiert Ihr «Ob».

(Ich komme in eine unannehmbare Lage. Einwirkung, Umstimmung scheidet bei einem Mann wie Herzfeld ohnehin aus – er hat sich noch nie in etwas umstimmen lassen. Sie kennen ihn doch sicher auch aus den Konflikten mit dem Philosophieinstitut und der Parteigruppe.)

Uns interessiert zunächst seine Absicht. Sie sagen selbst, daß er Ihnen seine Verabredung mit uns mitgeteilt hat. Sie könnten am Telefon ganz zwanglos darauf zurückkommen.

Übrigens wären Ihre Verpflichtungen gegen Ihre Dienststelle, Genehmigung für Telefongespräch usw., nicht berührt. Sie sind automatisch abgedeckt, wenn Sie mit uns so etwas vereinbaren. Da brauchen Sie sich keine Sorgen zu machen.

(Sie berühren einen wichtigen Punkt. Ich bin mit Herzfeld vor seiner Abreise übereingekommen, daß unser Kontakt nicht mehr wie früher sein kann. Ich muß Kontakte genehmigen lassen und kann nicht ständig die Dienststelle mit einem Antrag herausfordern. Er hat Verständnis gezeigt, er weiß ja, wie es hier zugeht.

Mit einem Wort: Ich sehe kein «Wie» und möchte deshalb das «Ob» gar nicht erst beantworten.)

Haben Sie grundsätzliche, weltanschauliche Bedenken gegen ein Übereinkommen mit uns?

(Ich habe keine Berührungsangst mit dem MfS . . .) *(Das war gelogen!)* (. . ., wenn alles offen geschieht. Wenn ich am Telefon plötzlich auf politische Themen eingehe, dann kann ich die Übereinkunft mit Ihnen nicht verbergen. Er wird sofort wissen, daß ich nicht ungedeckt solche Probleme am Telefon bespreche. Sie können ihn dann ebensogut selbst anrufen. Meine einzige Handlungsmöglichkeit ist, ihm offene Karten zu zeigen und zu sagen, die Staatssicherheit will das und das wissen.)

*(Pause)*

Also, das Problem sehe ich jetzt auch. Ich schlage Vertagung unseres Gesprächs vor, eine beiderseitige Denkpause.

Wann haben Sie Urlaub?

(28. 7. bis 19. 8.)

Fahren Sie fort?

(Nein.)

Dann könnten wir Sie vielleicht anrufen? Wir kommen gern zu Ihnen nach Hause zu Besuch.

(Hier ist ein Mißverständnis. Nicht fortfahren meint: in der DDR bleiben. Wir haben einen ČSSR-Aufenthalt erwogen, bleiben jetzt aber bei Freunden bei Greiffenberg.)

Ach so. Sind Sie dann einverstanden, wenn wir uns nach dem 20. 8. melden?

(Ich sehe eigentlich keinen Grund. Ich wiederhole mich. Diese Gespräche belasten mich psychisch, und ich kann nicht zur Aufklärung Ihrer Besorgnisse beitragen.)

Ich wiederhole nochmals die Bitte um ein weiteres Gespräch, im dienstlichen Rahmen, hier in der Abteilung Kontrolle und Auswertung, also AdW-intern, zwischen Mitarbeitern sozusagen. Sie würden doch auch ein Gespräch mit anderem Ministerium über Fachfragen nicht ablehnen? Eigentlich dürfen Sie gar nicht. Nehmen Sie es als Fachgespräch. Für uns ist es das ohnehin.

Da fällt mir noch eine Frage ein: Wie haben Sie unser Gespräch vom letzten Mal behandelt?

(Ich bin der Meinung, daß ich Ihre vorgetragenen Bedenken den Freunden mitzuteilen habe. Jeder muß entscheiden, wie er sich zu verhalten hat.)

Haben Sie das schon in die Tat umgesetzt?

(Ja.)

Wir haben nichts dagegen. Es ist sogar sinnvoll. Wer, bitte, wurde informiert?

(Ich nenne Eva, und Freundinnen und Freunde.)

Ich möchte Sie vor Panikreaktionen Ihrer Freunde warnen. Es gibt oft große Berührungsangst mit dem MfS.

Unsere Bitte ist: Bis zum 20. 8. keine Tatsachen schaffen. Kein Kontaktabbruch. Keine Information über unser Angebot an Herzfeld, auch nicht indirekt! Das ist uns sehr wichtig! Wir würden das als extremen Vertrauensbruch ansehen ...

9. 9. 85 Neues Treffen.

Inzwischen ist mehr Zeit verstrichen als beabsichtigt. Es lag nichts Dringendes vor. Wie war Ihr Urlaub? Wir sind ja schon in dem Alter, wo man einen ruhigen Urlaub vorzieht.

Es gibt keinen Grund, nicht sofort zur Sache zu kommen. Wie sind Ihre Überlegungen ausgegangen?

(Welche Überlegungen?)

Unser Angebot bezüglich Herrn Herzfeld.

(Es war gut, daß einige Zeit vergangen ist. Das Angebot kam für mich sehr überraschend. Ich will offen meine Überlegungen schildern.

Sie schlagen Kooperation über Dinge aus der Privatsphäre vor, laden mich aber als Mitarbeiter der Akademie hier vor.)

Wir laden Sie ein, nicht vor!

(Gerade meine Privatsphäre, meine Freunde sind die Ursache für einen schweren Konflikt mit meiner staatlichen Leitung. Er hat dazu geführt,

– daß meine Abteilung aufgelöst wurde,

– daß mir ein neuer, ungeeigneter Leiter vor die Nase gesetzt wurde,

– daß das Thema, das ich über Jahrzehnte hatte, abgebrochen werden mußte, was das Ende meiner wissenschaftlichen Laufbahn bedeutet,

– daß ich die erfolgreiche Zusammenarbeit im RGW-Rahmen mit Puschtschino abbrechen mußte,

– daß ich meine Aufgaben als Koordinator für Biophysik in der DDR und im RGW aufgeben mußte, unter anderem, weil man mir nicht den Status eines Reisekaders geben wollte oder konnte.

Mit einem Wort, mir ist bedeutet worden, daß ich in die Wissenschaftslandschaft der DDR nicht mehr hineinpasse.

Der Auslöser für diese Entwicklung ist meine private Lebensgestaltung, meine Kontakte. Das ist mir deutlich signalisiert worden.)

Durch wen?

(Ich möchte hier nicht Beschwerde führen, sondern nur klarmachen, daß ich in diesen Sachen nicht kooperationsfähig bin. Ich bin zu Gesprächen überhaupt nur aus Angst bereit. Sie haben den ernsten Verdacht auf einen illegalen Zusammenschluß dargelegt. Ich kenne die Strafgesetze und wollte klarstellen, daß das bei uns nicht zutrifft.)

Das ist ja ein ganzes Bündel komplizierter Fragen. Es ist zweckmäßig und sauber, unseren Aspekt dessen, was in Ihrer Sicht Privatangelegenheiten sind, von dem zu trennen, was daran zu Konflikten mit Ihrer Dienststelle geführt hat. Ich will nur sagen, daß auch wir über die Kaderstelle der Akademie (Prof. Schiller) unsere Informationen haben, daß es zu bedauerlichen Meinungsverschiedenheiten gekommen ist. Betonen möchte ich, daß es prinzipiell möglich ist, die Interessen des einzelnen und der Gesellschaft in Übereinstimmung zu bringen und daß – anders als etwa in Südafrika, wo den Schwarzen gar nichts anderes übrigbleibt als Widerstand – diese Übereinstimmung herstellbar ist, vorausgesetzt, daß es nicht zu störenden Eingriffen von außen kommt, die allerdings immer wieder versucht werden.

Wir verstehen, daß gewisse Dinge Sie belasten, und möchten Ihnen sagen, daß wir unabhängig von Ihren Überlegungen ebenfalls zu dem Schluß gekommen sind, daß eine Kooperation – zu der Sie sich ja eben nicht für fähig erklärt haben – unsererseits nicht mehr für zweckmäßig gehalten wird und wir unseren Vorschlag zurückziehen. Das läßt uns mit einer Reihe von Problemen im Fall Herzfeld allein; aber das ist natürlich unsere Arbeit und nicht Ihre Aufgabe.

Ich möchte betonen, daß es unser Anliegen ist, daß Sie in Ruhe Ihrer wissenschaftlichen Tätigkeit nachgehen können. Wir haben das Urteil maßgeblicher Experten, daß Sie zu hervorragenden Leistungen für unsere DDR-Wissenschaft befähigt sind, und wollen sichern helfen, daß Sie für diese Arbeit störungsfreie Voraussetzungen behalten, und sehen unsere Aufgabe darin, daß nicht subjektiv unbeabsichtigt Konflikte zwischen Ihnen und der Gesellschaft entstehen.

Wir verstehen Sie so, daß Sie in dem, was Sie als privat ansehen, nicht die Absicht haben, eine konfliktträchtige Richtung einzuschlagen. Wir sind zu der gleichen Schlußfolgerung gekommen und haben auch registriert, daß Sie Handlungen mitgetragen haben, der Gefahr vorzubeugen, zum Beispiel, indem sie die Einladung von Herrn Dehmel von der Ständigen Vertretung *(Dieser Name ist falsch. Er wurde falsch genannt)* rückgängig gemacht haben.

Wenn Sie also einverstanden sind, dann beenden wir dieses Gespräch. Oder haben Sie noch irgendwelche Fragen? Wir stehen für eventuelle weitere Gespräche zur Verfügung und würden Sie darum bitten, im Fall einer Gelegenheit zu einem Informationsgespräch zur Verfügung zu stehen.

Es wäre günstig, sich an uns zu wenden.

(Wie kann man Sie erreichen?)

Über Dr. Kroll, unseren Beauftragten in Berlin-Buch, oder über Dr. John oder Frau Regler, Abteilung Auswertung und Kontrolle in der Zentrale der Akademie, Etage des Präsidenten, also hier, oder direkt beim MfS. Wir stehen im Telefonbuch unter Ministerrat der DDR. Sie brauchen nur Ihren Namen nennen und den zuständigen Mitarbeiter erfragen.

Zwei ausdrückliche Feststellungen darf ich anfügen. Vielleicht sind sie überflüssig, aber wir legen Wert darauf.

1. Bei der Gestaltung Ihrer Beziehungen zu Herzfeld gelten die allgemeinen staatlichen Vorschriften sowie die speziellen, die aus Ihrem Arbeitsverhältnis kommen. Sie können sich im Konfliktfalle *nicht* mehr auf unser Kooperationsangebot berufen. Das hätte Ihnen nur im Annahmefalle, gewissermaßen als Dienstauftrag, die Vorschriften modifiziert.

2. Wir haben nichts dagegen, möchten Sie sogar ermutigen, aber nicht veranlassen, wenn Sie unsere Bedenken in Form einer Warnung an Ihre Bekannten weitergeben.

Nicht einverstanden wären wir, wenn Sie außer dieser Tatsache andere Einzelheiten preisgeben, genauere Informationen sozusagen über «die Nase des Mannes von der Staatssicherheit». Das sehen wir nicht gern, da sind wir empfindlich.

(Ich möchte im Bekanntenkreis *nicht* weitergeben, daß Sie sich für Dr. Herzfeld interessieren und darüber mit mir geredet haben.)

Sie können davon ausgehen, daß auch von uns dies nicht weitergegeben wird.

Da ist noch eine Bitte um Klarstellung. Wie kommen Sie darauf, daß wir den Verdacht eines «illegalen Zusammenschlusses» Ihrer Gruppe ausgesprochen hätten?

(Nein, Sie haben das nicht ausgesprochen, auch Professor Schiller hat so etwas nur angedeutet. Aber Sie sagen, daß Sie Juristen seien, und ich weiß genau, wohin Juristen denken, wenn Sie Ermittlungsgespräche führen.)

Ja, «illegaler Zusammenschluß» ist denkbar. Als Limes, Grenzwert sozusagen, als Begriff am Horizont durchaus nützlich. Aber mit Ihnen sind wir noch nicht so weit gekommen.

*(Verabschiedung unter Floskeln.)*

# 8
# Die Guten und die Schurken oder Karneval der Revolution

Das historische Dilemma Intelligenz: Sie weiß zwar stets, wie es weitergehen muß, aber sie bringt den störrischen Esel nicht zum Ziehen.

Der gesellschaftliche Gesamtarbeiter gehorcht nicht mehr, wenn die Intelligenz an der Macht ist.

Wenn das Muli nicht ziehen will, dann hat der Landmann die Wahl: Entweder er drischt mit der Peitsche darauf ein, oder er setzt sich in die Taverne, scherzt und trinkt eine Flasche Chianti.

Genauso spaltet sich der Intelligenzler in zwei Charaktermasken. Beide wurden archetypisch in der Französischen Revolution vorgeführt.

Robespierre, erzürnt. Das Volk will nicht begreifen, daß das Glück in der Tugend liegt. Er versucht es mit dem Kult des Höchsten Wesens und mit der scharfen Guillotine.

Danton, der lachende Narr. Er schlägt sich die Flausen aus dem Kopf, läßt alles fahren, als es in ernste Arbeit ausartet, Regierungsarbeit.

Nach 1917 haben sie auch zwei Strategien versucht. Auf den Muschik eingedroschen und ihm Schmeicheleien gesagt. Beides vergebens. Dann sauste die Knute, dann zogen sie Landsknechte, danach kam die Büroherrschaft.

In der Gorbatschowtschina verliert der Intelligent endgültig die Laune. Er hat das Zarenreich verspielt; er hat die Faxen satt, er gibt auf, er dankt ab.

## Balken und Mörtel

Wenn im gemauerten Gebäude der schlechte Mörtel austrocknet und herausrieselt, dann stehen nur noch die Steine aufeinander. Es genügt ein leichter Stoß, um es zum Einsturz zu bringen. Obwohl die Statik sich nicht im geringsten geändert hat. Das mechanische System ist so fest, wie es vorher war. Es ist immer metastabil, weil der tatsächliche Gleichgewichtszustand stets der zusammengebrochene Ziegelhaufen ist. Mörtel in den Fugen hat die Kraftlinien des ruhenden Gebäudes nur unwesentlich beeinflußt.

Was sich entscheidend geändert hat, ist die Stabilität gegen Störungen, gegen Stöße, gegen Sturmwind, gegen langsames Verrutschen des Gefüges. Hat das Gebäude offene Fugen, dann ist es gegen derartige Auslenkungen aus dem statischen Gleichgewicht extrem labil geworden. Es wird einfacher, eine Auslenkung zu bewerkstelligen, die den Übergang in den endgültigen Gleichgewichtszustand, den Zusammenbruch, einleitet.

Dem Gebäude des Staatssozialismus ist es ähnlich ergangen. Der Kitt in den Fugen ist locker geworden. Im Bestreben, die bedrohlich werdende Schieflage zu korrigieren, hat Gorbatschow noch zusätzliche Fugen geöffnet. Die Korrektur ist nicht gelungen; also hat er die Destabilisierung im Effekt noch beschleunigt. Insofern haben seine Kritiker recht.

Im Gebäude des Staatssozialismus hatte nicht jeder Stein die gleiche Funktion für die Festigkeit des Ganzen. Es gab vielmehr ein Skelett, das alles im Großen zusammenhielt, auch wenn einmal an der einen oder anderen Stelle ein Loch klaffte. Dieses Skelett bestand aus tragendem Mauerwerk und Stützbalken. Zum Skelett gehörten der Parteiapparat, die Armee, die Polizei und die Sicherheit. Erst als dieses Gerüst zu wackeln begann, wurde das Ganze so instabil, daß es nahezu von selbst einstürzte, ohne große Erschütterung. In Rumänien oder China waren die Stützen fester als in den osteuropäischen sozialistischen Ländern. Um dort einen autokatalytischen Zusammenbruch herbeizuführen, bedarf es schon eines kräftigen Stoßes.

Wenn das Skelett brüchig wird, beispielsweise weil die Balken wurmstichig sind und keine Last mehr tragen können, dann entsteht eine andere Art der Instabilität, als wenn der Mörtel sandig wird. Fehlt der Mörtel nur, dann bricht das Gebäude nicht zusammen, sondern die nackte Konstruktion bleibt stehen.

Der Staatssozialismus hatte die Wahl zwischen diesen beiden Krisen: Einsturz des Gebäudes wegen Kittaustrocknung oder Diktatur des Skeletts über das faulige Fleisch.

Die Analogie zur Gebäudestatik ist deshalb instruktiv, weil der Staatssozialismus seit langem aufgehört hat, ein lebendiger Organismus zu sein; er war verkalkt, erstarrt. Wer in den siebziger Jahren die Sowjetunion bereist hat, dem dürfte nicht entgangen sein, daß hier ein ohnmächtiges Gesellschaftssystem auf den Todesstoß wartete. Symbol dafür war der alte Breschnew, den sie vom klinischen Tod ins Leben und in ein flaches Bewußtsein zurückgeholt hatten und der das Land noch fast zehn Jahre regieren sollte. Genauer gesagt: der den Schein von Machtkonzentration und Regierungsfähigkeit wahren sollte, wofür er über einen ganzen Stab von Beratern verfügte, die nichts anderes zu tun hatten, als die Hinfälligkeit des Greises vor den neugierigen Augen der Untertanen und der Welt zu vertuschen.

Am Sturz des Sozialismus waren drei Gruppen mit unterschiedlichen Zielen beteiligt. Die einen wollten das System schlicht einreißen. Das Ganze war verfehlt, weg damit. Beitritt nach Artikel 23 noch diesen Nachmittag, wozu lange Staatsverträge aushandeln? Andere wollten abtragen. Auch bis aufs Fundament, aber so, daß man Bretter, Dielen, feste Balken und Steine noch verwenden konnte, so daß nicht alles auf dem Schutthaufen landet. Schließlich gab es eine dritte Gruppe, die wollte umbauen. Sie wollten den Dachstuhl abstützen, um einen tragenden Balken zu ersetzen. Sie wollten brüchiges Mauerwerk abnehmen und neu hochmauern. Die Gesamtkonstruktion war ihnen verbesserungsbedürftig, aber auch wert, erhalten zu werden.

Die Revolution verlief überall dort friedlich, wo diese drei Intentionen für einen kurzen historischen Moment nebeneinander existieren konnten, wo die Agierenden die Illusion haben konnten, daß genau ihr Konzept eine reelle Chance hat.

Es hat sich in der UdSSR und in Ungarn gezeigt, daß der Umbau nicht funktioniert. Wenn tragende Balken morsch und die Fugen locker sind, dann fällt beim Abstützen und Umbauen alles auseinander, dann ist jeder Versuch vergebens.

Ob geordnetes Abtragen möglich ist, wird sich noch zeigen. Es bedarf einiger Zeit und Geduld, und es darf keinen Sturm geben. Die Tschechoslowakei und Polen versuchen es auf ihre eigene Weise.

Die DDR hat den sofortigen Abriß gewählt. Sie konnte das, mußten ihre Menschen doch auch nicht befürchten, nach dem Abriß mit Hurra frierend im Freien kampieren zu müssen. Es war vorhersehbar, daß ihnen das durch ihre deutsche Nachbarschaft erspart bleiben würde. So konnten sie leichten Herzens und, wie sich gezeigt hat, etwas voreilig und leichtsinnig darauf verzichten, vom Besitztum noch irgend etwas zu retten. Es war nicht nur die Masse der Hunderttausenden, die sich nicht vorstellen konnten, welche biographische Katastrophe Arbeitslosigkeit in einer strukturschwachen Region mit sich bringen kann. Auch Zehntausende von Menschen in Intelligenzberufen hatten die Illusion, daß gerade sie smart genug wären, den Zusammenbruch für einen eleganten Neustart nach oben nutzen zu können.

Voreilig und leichtsinnig meine ich im wörtlichen Sinne, gar nicht mit tadelndem Beiklang: Sie hatten es sehr eilig und waren dabei leichten Herzens und froher Hoffnung. Sie glaubten dem Wahlplakat mit dem Foto des staubtrockenen Preußengesichts mit dem Bart und der Brille und der vielversprechenden Unterschrift: Wohlstand für alle! Präziser ihren Intentionen entsprechend wäre gewesen: Mit uns entkommt ihr dem totalen Zusammenbruch! Wir bieten Unterkunft!

Es war zu spät für Abriß, für Abtragung, für Umbau. Vor langer, langer Zeit wären das noch streitfähige Alternativen gewesen. Es war, als hätte man den ganzen trockenen Sommer über gewartet, nachdenklich die offenen Fugen und das morsche Gebälk betrachtet, um nach Einsetzen der Herbststürme und der ersten Schneefälle und Fröste gleichzeitig mit allen drei Unternehmen zu beginnen.

Es war zu spät. Vor zehn Jahren vielleicht, vor fünfzehn oder zwanzig Jahren, da wären die Optionen vielleicht noch offen gewesen. Sogar noch 1968 zusammen mit der ČSSR. Da waren die Schulden geringer und die Substanz noch nicht völlig ausgelaugt. Da wäre ein Start aussichtsreicher gewesen.

Mußten wir tatsächlich zuwarten, bis die Balken hoffnungslos morsch waren? Hätten wir den lockeren Mörtel eher bemerken können? Ist gesellschaftlicher Mörtel überhaupt das gleiche wie Baumörtel? Muß man da jede Fuge mühsam auskratzen, solange er fest ist? War er jemals fest gewesen?

Oder hätte es eines Paradigmenwechsels bedurft? Man sprüht eine Weichmachersubstanz an die Mauern, und der Mörtel gibt von selbst die Fugen frei?

Das sind alles Fragen im nachhinein, und mit der Kenntnis des Geschehenen. Sie sind für die Vergangenheit müßig, aber für die Zukunft von Bedeutung. Wie sollen wir das nächste Mal handeln, wenn wir die Wahl haben zwischen bequemem Schweigen und ungemütlichem Protest?

## Wir haben es immer gewußt

Ich kenne Menschen, die lange an den Sozialismus geglaubt haben. Sie meinten, daß es trotz aller Geburtswehen und Kinderkrankheiten möglich sein müßte, diese Gesellschaftsformation so zu gestalten, daß sie von der Bevölkerung angenommen wird.

Diese Menschen müssen sich jetzt fragen, ob sie für ihren Glauben zuwenig getan haben. Oder sie nehmen die Opferideologie an und fühlen sich von Honecker, Mittag und Mielke betrogen. Das ist nicht sehr überzeugend: Eine Handvoll Bösewichter mit antifaschistischer Vergangenheit soll die gute Sache verraten haben. Noch eine Alternative: Die Bürokraten sind schuld, wir selbst haben immer wieder unser Bestes versucht. Das ist etwas glaubwürdiger, weil man dann nämlich an jedem Ort sich einen Bürokraten, einen Aufpasser vorstellen kann, der alles verhindert hat und dem man nicht gewachsen war. Dann war nicht nur die Clique oben schuld, sondern überall saßen die Verräter der Idee. Man war lediglich zu schwach. Vielleicht auch nicht konsequent genug im Widerstand. Das letztere muß man eigentlich denken, wenn man sich vergegenwärtigt, wie leicht der tönerne Koloß zusammengefallen ist.

Zu all diesen Menschen gehöre ich nicht. Ich habe mein ganzes Leben lang gewußt, zu wissen geglaubt, daß der reale Sozialismus nicht funktionieren wird und zerfällt, sobald die harte Faust nicht mehr spürbar ist. Ich hätte leidenschaftlich gern gesehen, daß der Sozialismus mit menschlichem Antlitz in der ČSSR eine Chance erhält, aber richtig geglaubt habe ich auch daran nicht. Ich hätte das für fair gehalten, und ich hielt die ganze Intention für nobel, aber es war von vornherein zu utopisch, zu intellektuell – meinte ich jedenfalls damals.

Ich habe es also immer besser gewußt. Aber während ich früher daraus das Überlegenheitsgefühl des besser Informierten ableiten konnte, will mir das heute, post festum, nicht mehr gelingen. Ich habe Gewissensbisse. Ich sehe, daß ich zur Intelligenzschicht gehört habe, die stillschweigend funktionierte, obwohl sie dagegen war. Wer außer uns hätte das Gebäude eher zum Einsturz bringen können?

Vor allem beklage ich, daß viel zu lange gezögert wurde. Mindestens zehn, wenn nicht zwanzig Jahre. Ich habe durch passives Funktionieren die Agonie verlängert. Wäre das Ganze 1968 passiert und nicht 1989, dann wäre ich neunundzwanzig Jahre alt gewesen und nicht fünfzig. Es gäbe nicht die verlorene Generation der Mittfünfziger, wir hätten weit bessere Start- und Verhandlungsbedingungen.

Ganz richtig. Wir hätten. Wir wären. Geschichte im Konjunktiv. Ist es der Konjunktiv der verpaßten Möglichkeiten oder der nachträglichen Imagination? Ist es der Konjunktiv, daß ich statt Medizin auch hätte Mathematik studieren können, oder der Imaginativ, ich hätte auch ein bedeutender Violinvirtuose werden können?

Ein wenig lassen sich die Konjunktive durch die Gegenüberstellung mit der Realität einschränken.

Selbstverständlich, am Anfang stand die nackte physische Angst. Jeder wußte, wie schnell man abgeholt werden und auf Nimmerwiedersehen verschwinden konnte. Da ist es billig, Mut und Leidenschaft einzufordern.

Am Ende allerdings war Angst nicht mehr entschuldbar. Notwendig war «nur» Zivilcourage, sich dem Engagement der anderen anzuschließen und nicht aus den Augenwinkeln zu beobachten, ob es den Mutigen erwischt oder nicht, in steter Bereitschaft, sofort den Kopf einzuziehen, wenn es brenzlig wird.

Es hat ihn also gegeben, den Übergang. Ab wann war aus Vorsicht Feigheit geworden?

Es gibt konkrete Beispiele. Polen hat mehrere mutige Aufstände gesehen. Die ersten, 1956, 1968, 1970, scheiterten. Schon 1976 gelang die Unterdrückung nur mit Mühe, und 1980/81 erlebte das Land den ersten großen gewaltfreien Aufstand. Die Prager Charta 77: eine Handvoll mutiger Intellektueller, von ihrem Volk allein gelassen. Havemann und Biermann: mit voller Unterstützung durch die Westmedien – zu Hause allein geblieben. Rudolf Bahro: der Versuch einer Reform des schon alternden Systems – Verhaftung, Ausweisung, die Zurückbleibenden studieren sein Buch hinter verdunkelten Fenstern, letzten Endes ist er allein geblieben. Andrej Sacharow: Er nahm den Kampf um die Menschenrechte auf und endete vereinsamt – bevor Gorbatschow ihn befreite – im Hungerstreik gegen den Hausarrest und für die Augenoperation seiner Frau.

Die Beispiele zeigen, daß mehr möglich war als die Existenz einiger versprengter kleiner Dissidentengruppen und beflissene Gespräche über Kirche im Sozialismus. Mehr auch als die private Lösung der Auswanderung, die Tausende wählten.

Was soll das alles? Diese Selbstbezichtungen. Ist das aktuell? Droht etwa eine neue Diktatur?

Nein, das nicht. Aber die Zukunft bringt Entscheidungen, die radikales Neudenken und Entschlüsse verlangen und nicht Abwarten, Zusehen und Vorsicht. Ich habe Angst, daß wir wieder zu spät kommen könnten. Daß Zivilcourage wieder viel zu spät zu Solidarität, Widerstand und kreativer Umkehr führt. In der Existenzkrise der Zukunft werden wir nicht von einer glücklichen Fügung aufgefangen werden.

## Demoskopie

Es gab zwei Arten von Regimekritikern, ebenso zwei Sorten «positive Kader», auch zwei Varianten von Neutralen. Die Ideologie mit dem universellen Gültigkeitsanspruch brachte diese klare Polarisierung zustande.

Regimekritik war prinzipiell entweder «immanent» oder «transzendent», reformerisch oder systemüberwindend. Die zweite Variante artikulierte sich nur sehr selten, weil sie leichter zu erkennen und leichter zu kriminalisieren war. Alexander Solschenizyn war ihr prominentester Vertreter. Er hielt schlichtweg das ganze System für eine Spottgeburt aus Dreck und Feuer, die das heilige Rußland verdorben und die sinnvollen Reformen und Modernisierungsansätze der ersten beiden Jahrzehnte des Jahrhunderts kupiert hatte.

Die meisten Dissidenten hatten demgegenüber Systemreform im Auge. Sie meinten entweder Rückkehr zu den geheiligten Schriften, zu den ersten Anfängen, oder Anreicherung durch moderne Entwicklungen, Pluralismus, Menschenrechte, Dezentralisierung des politischen Lebens, Demokratie, auch effizienteres Wirtschaften und Managen.

Diese Gruppen hatten den besseren Hebel, weil sie geheime Sympathien im Apparat mobilisierten. Solschenizyns schroffe Ablehnung erzwang eine eindeutige Stellungnahme ohne Wenn und Aber – nur wenige ließen sich auf ihn ein. Er war zu frech. Roy Medwedew dagegen argumentierte so diplomatisch, daß er geradezu zu einer geduldeten, weil ergänzenden Instanz und Nebeninterpretation der orthodoxen Linie wurde.

Die prinzipiellen Opponenten trafen die Neigungen der «Masse» offenbar genauer. Sozialismus verfehlt, zurück in den Kapitalismus – das war der einfache Kurzschluß. Er war, ob in Polen, Ostdeutschland oder Ungarn, einleuchtend genug, um die Reformer sehr schnell an den Rand zu drängen. In Rußland ist ein solcher Ausweg nicht so leicht zu finden. Hier finden sich die ehemaligen Fundamentalopponenten absurderweise in der Fraktion der Konservativen wieder. Sie verlangen die Ablösung der Parteiherrschaft durch eine Ordnung, die endlich wieder Autorität zu ihrem Recht kommen läßt. Hinzu kommt die traditionelle, vehemente Ablehnung der westlichen Lebens- und Wirtschaftsweise.

Auch die Menschen, die das Regime aktiv unterstützten und in ihm Karriere machten, passen in verschiedene Kategorien: Pragmatiker, Zyniker und Gottesknechte. Die letzteren, Narren in Christo, überzeugte Sozialisten, wurden in der Spätphase immer seltener. Die ersten beiden, die Pragmatiker und die Zyniker, waren nicht bereit, ihre Haut der Ideologie zu opfern, und achteten darauf, rechtzeitig zu den stärkeren Bataillonen überzuwechseln.

Die Regimekritiker haben in keinem der Länder mehr als 15 Prozent der Bevölkerung hinter sich bringen können, mit Ausnahme von historischen Sekunden: Sommer 1980 in Polen, Oktober 1989 in der DDR, November 1989 in der ČSSR. Aber das waren Sonderfälle.

Die Stützen des Regimes waren allerdings ebenfalls in der Minderheit, als Zahl ein Schätzwert: 15 Prozent. Die kommunistischen Parteien wußten sehr wohl, daß das Volk «noch nicht reif» war. Bei jeder halbwegs freien Wahl fielen sie durch, 1948 ebenso wie 1991, in allen Ostblockländern. Deshalb wurde das Blockwahlsystem erfunden, das auf feine Weise sicherstellte, daß die Bevölkerung ihre Meinung nicht kundtat, sondern das Ganze als Anwesenheitskontrolle auffaßte und entsprechend reagierte: Sie ging halt hin und ließ sich eintragen.

Mehr als 70 Prozent der Bevölkerung waren mithin zu allen sozialistischen Zeiten «schweigende Watte». An dieser Watte ist das administrative Kommandosystem letzten Endes gescheitert. Zu seiner Funktion und Stabilität benötigte es «den Rücklauf» aus der Bevölkerung. «Wie ist denn so die Stimmung bei euch?» fragte Ulbricht seine Provinzfürsten, wenn er dem «Flächenbezirk» seinen Besuch abstattete. «Gut, Genosse Ulbricht, die Menschen im Bezirk diskutieren die neuen lohnpolitischen Maßnahmen in positivem Sinne!» lautete die Antwort.

Tatsächlich wußten weder Bezirkssekretär noch Generalsekretär etwas von der Stimmung unter «den Menschen». Auch der Horchapparat der Stasi wußte nichts Genaues, da er nur das erfuhr, was die Menschen zu sprechen wagten, was andere zu denunzieren für richtig hielten, was der für einen Bereich zuständige Offizier weiterzumelden für ratsam erachtete und was bei der Übersetzung in Mielke-Chinesisch davon auch bei vollzynischer Einstellung zu Berichten überhaupt noch übrigblieb.

Es war beruhigend für den Verlauf von Alltag und Festtag, Planberatung und Bankettfeier zum x-ten Jubiläum, von Staatsjagd und Jugendfackelzug, daß man wenig hörte, wenn man sich die Ohren verstopfte. Mittelfristig beruhigend. Für die langfristige Unruhe hatte man «die Freunde», die schon die Panzer in Marsch setzen würden, wenn der Klassenfeind mit seinen Hetzparolen wieder einmal Boden gewinnen sollte. Diese Rückversicherung fing aber schon vor Gorbatschow zu bröckeln an, zeigten die Freunde doch zunehmend Unlust, mit jeglichem Alltagskram der Vasallen behelligt zu werden: Gewinn an Selbständigkeit, aber auch an Verantwortung. Und der Klassenfeind, der Schuft, hatte Kreide gefressen und setzte auf friedlichen «Wandel durch Annäherung». Wieder beruhigend, wiederum angenehm, am diplomatischen Neujahrsempfang oder an Friedenskongressen teilnehmen zu können, ernst genommen zu werden, es verstärkte den trügerischen Eindruck von Ruhe. Sogar die CDU entspannte, sogar Strauß vermittelte Kredite, da muß doch das Volk sich fügen, oder?

So war das Verhalten «der Menschen» überlebenswichtig, aber unergründlich. Die schweigende Mehrheit hatte zwei Reaktionsmuster, die es beide schwermachten, Änderungen in Richtung auf das Ziel, den Kommunismus, durchzusetzen. Beide Regeln kann man, wie es sich für Watte als Materie gehört, aus der Physik ableiten.

Eine Reaktion verläuft nach dem Prinzip le Chatelier: übt man Druck aus, so erzeugt man einen proportionalen Gegendruck, der die Wirkung bis auf einen Restbestand abblockt, abfängt. Typisches Beispiel ist die Produktionsinitiative: Mit ungeheurem Propagandaaufwand wird die Slobinmethode oder der Wettbewerbsaufruf «Jeder liefert jedem Qualität» gestartet. Die Masse schweigt und paßt sich an. Die örtlichen Leitungen melden Vollzug. Man hat nachgegeben, aber die Profilfläche so geändert, daß nichts Nennenswertes dabei herauskommt. «Wir müssen unsere Produktionsanstrengungen verdoppeln!» hieß es. Wieder einmal verdoppeln. Da wurde mächtig Luft aufgepumpt, verdoppelt, verdoppelt, und heraus kam eine Steigerung der Anstrengungen um einen Prozentpunkt, durch entsprechende Prämien und Sondervergütungen überbezahlt. Le Chatelier hat das genau beschrieben. Je stabiler ein System, desto geringfügiger sind die Änderungen, die es zuläßt, ohne dabei elastischen (in der Physik bedeutet das: knallharten) Widerstand zu leisten.

Die andere Reaktion verläuft nach dem Prinzip Phasenwechsel. Plötzlich gelingt das Vorhaben, aber dabei bricht lauter Porzellan ein. Beispiel: Honeckers Kardinalfehler, die Enteignung der kleinen Handwerksbetriebe. Es gelang. Natürlich. Man konnte sogar eigentumsneidische Sympathisanten ausmachen. Aber die Folgen waren ein Einbruch. Zahnpasta und Fahrradventile verschwanden, und für die kommenden zwei Jahrzehnte mußte das Büro Mittag persönlich für die tausend kleinen Dinge des Alltags von der Stopfnadel bis zum Gartenzwerg sorgen. Das Kommando ging an die Kombinate, die entsprechend unwillig waren, sich neben den gigantischen Fünfjahresplanschlachten mit diesem Kleinkram abzugeben.

Noch verheerender war allerdings die endgültige Verprellung eines Teils der schweigenden Watte: die Enteigneten, die um ihr Lebensziel gebrachten Kleinproduzenten und Kleineigentümer. Die Rechnung dafür kam 1989. Sie gehörten zu den wütendsten Abwicklern des Systems, riefen lauthals nach dem Westsystem und waren taub gegen die Warnung, daß Discountketten und Konzerne unmöglich den Wiederaufbau eines kapitalschwachen Kleinmittelstandes fördern würden. Wie überall: Potentielle Verbündete für einen dritten Weg wurden rechtzeitig geschlachtet. 1989 war dann niemand mehr da, der sich ernsthaft dafür eingesetzt hätte.

# Vom lauen Subjekt der Revolution

Die realsozialistischen Länder waren revolutionsfest. Immun gegen Revolution im klassischen Verständnis. Den alten Herrschaftsapparat nach Art der Oktoberrevolution zu zerschlagen war unmöglich. Der Herrschaftsapparat hatte eine feste soziale Basis. Ein direkter Anschlag hätte alle in der Wagenburg vereinigt. Polizei, Staatssicherheit und Armee waren bewaffnet, die Reformer und Revolutionäre nicht. Das polnische Jahr 1980/81 hatte zudem gezeigt, daß die traditionelle Waffe des Generalstreiks stumpf geworden war. Generalstreik schreckt nur eine herrschende Klasse, die etwas zu verlieren hat. Wenn Export und Einkünfte bedroht sind, wenn Produktion und Verteilung zum Erliegen kommen können.

Dagegen wäre in ihrer Glanzzeit natürlich auch die Nomenklatura höchst empfindlich gewesen. Aber im späten Gierek-Zeitalter war der Ruf ruiniert, die Wirtschaft so hoffnungslos verschuldet, daß das kein Schrecken mehr war. Im Gegenteil, man konnte sich so aus der Verantwortung für die sinnlos vertanen Kredite stehlen. Kam also der Streik zustande, dann schädigte er vor allem die Streikenden selbst und ihre Verbündeten. Sie würden Kartoffeln und Fleisch vollends aus den Läden streiken, während die Herrschenden Zugang zu Westgeld hatten und sich leidlich schadlos hielten.

Auch die Sorge vor einer Intervention des feindlichen Auslands fiel fort, die sonst bedrohte Herrschende zur Aktivität veranlaßt (siehe die Mobilmachung 1790 gegen die Invasion, siehe Auguste Thiers 1870/71). Niemand wollte in Polen einmarschieren außer der Sowjetarmee, und die nur, um das Regime zu schützen, und auch das nur sehr widerwillig und im äußersten Fall. Afghanistan war ein hinreichender Denkzettel gewesen.

So fiel die Revolution aus, wurde für Jahre vertagt und nahm dann die Form der friedlichen Ablösung an, die durch den polnischen Runden Tisch von 1989 gekennzeichnet war. «Für euch den Präsidenten, für uns den Ministerpräsidenten!» (Adam Michnik 1989). Als das erreicht war, wurden gleichzeitig jener Präsident Jaruzelski und «unser» Ministerpräsident Mazowiecki abgewickelt, von der Mißlaune des Volkes. Von der samtenen Mißstimmung, die sich auf einmal handlungsmächtig Luft machte.

Volk und Herrschende waren wendebereit, aber nicht bereit zur Gewalttat, mit Ausnahme von China und Rumänien.

Das Volk wartete. Da die Revolution nur eine im Wort sein konnte, wartete es darauf, daß jemand das Wort ergriff.

Die Herrschenden warteten auch. Darauf, daß die Alten ausstarben und eine taktvolle Reformgeneration an die Macht kam. In der Sowjetunion war der Startschuß gegeben worden. Die regimenahen Intelligenzler zögerten allerdings. Die Alten aus dem Sattel zu heben hätte einer Verschwörung nach bekanntem Muster der Palastrevolution bedurft. Gerade dagegen aber war das System ebenfalls immun. Sie hatten dafür gesorgt, daß die Kandidaten für die Führung des Aufstandes so feige waren, daß sie den Palastaufstand von Tag zu Tag vertagten. Es ist possierlich zu lesen, wie Günter Schabowski die Entschlußlosigkeit in der zweiten Führungsgarde erklärt und entschuldigt. Sie zögerten, bis es zu spät war.

In Ungarn und in der Sowjetunion wurde das Modell der einschleichenden Revolution, der schrittweisen Demontage von oben geprobt. Gorbatschow begann noch im trampligen Stil des jungen Brausekopfes, eine Art Fidel Castro mit Apparaterfahrung. Beschleunigung der wissenschaftlich-technischen Revolution, Stärkung der Arbeitsdisziplin (unvollendeter Auftrag Andropows) sowie Entalkoholisierung der

Werktätigen (Gorbatschows persönliches Steckenpferd) – das waren die Reformlosungen. Noch 1987 pries er den erneuerten Leninismus und kürzte die Anzahl der Opfer des Stalinregimes auf hunderttausend. Er leistete ausgezeichnete PR-Arbeit im Ausland. Hier kam ihm sein offenherzig-fröhlicher, bühnenstrebiger Charakter zugute. Was ihn bei der Mehrheit der Russen eher verdächtig machte, verhalf ihm im Ausland zum falschen Image des freundlichen russischen Bären. Auch er trat also mit einer politischen Charaktermaske auf.

Die Strategie des späten Gorbatschow war gewandte Balanciertaktik im eigenen Lande (von allen Seiten als «zentristisch» verschrien; die Russen lieben die goldene Mitte nicht) und elegante Selbst-Promotion im Ausland. Er wäre der erste russische Zar gewesen, dem ein derartiges Programm gelungen wäre. Peter I. hatte auch ein Faible fürs Ausland, setzte sich aber zu Hause brutal bojarenbärteausreißend und strelitzenerschlagend durch. Alexander I., der Träumer, vertagte die Entscheidungen und überließ sie dem blutigen Nikolaus und seinem Stasi-Mann Benckendorff. Kein Zar war liebenswürdig, alle waren entweder brutal stark oder elend schwach, Dompteur mit der Peitsche oder Clown mit der Maske, noch nie hat es einer mit Equilibristik versucht.

Allgemeiner Wartestand mit wenig Bewegung, im Ostblock nichts Neues also, über Jahre hinweg.

In dieser Situation wurde die Intelligenz zum Subjekt des friedlichen Umsturzes. Gerade weil sie lau ist, unentschieden, mit einem Bein im Herrschaftsapparat, mit dem anderen im Volk. Beteiligt, widerwillig beteiligt, an der suboptimal-rationalen Regelung des Staats- und Wirtschaftslebens, gleichzeitig unzufrieden, weil die technologisch-schöpferische Kreativität im Vergleich zu den Kollegen im Westen so sehr behindert ist, daß es keinen Spaß bereitet, an der Steuerung und Reparatur dieses veralteten Apparates mitzuwirken. Bis in die Familien hinein ging der Spagat: der eine Karrierist, Nomenklaturist, der andere Dissident, Klassenfeind. Da alle auf Vermittlung warteten, war dieser Stand der ideale Vermittler. Er konnte die Tretminen vermeiden, konnte mit einem Satz das Ende der Langeweile, im nächsten die Reform der Pfründe versprechen. Konnte gleichzeitig die Abwicklung und Erneuerung der Ideale proklamieren. Bot ein Rettungsboot an, in dem theoretisch alle Platz finden konnten.

So kam es zu dem schichtübergreifenden Karnevalsfest. Auf verschiedenen Bühnen. Mit verschiedenen Schaustellern. Gorbatschow telefoniert mit Sacharow, dann gemeinsamer Auftritt auf dem internationalen Friedenskongreß. Jaruzelski küßt der Ministerin vom Bürgerkomitee Solidarność galant die Hand; im Parlament sitzen Nomenklaturisten auf fest zugewiesenen und Revolutionäre mit fast 100 Prozent der Stimmen auf ausgeschriebenen Sitzen – woran erinnern uns solche Prozentzahlen denn gleich? Auf dem Wenzelsplatz buchstäbliche Theaterszenen: Ariane Mnouchkine in die Realität transformiert. Und in Ostberlin am 4. 11. 89 das großartige lebende Kostümbild mit Ulrich Mühe, Steffi Spira, sogar Ekkehard Schall, Christoph Hein, Heiner Müller, Christa Wolf, Jens Reich auch – alle sagten ihren Spruch auf und traten dann ab. Dazwischen Couplets von Günter Schabowski, Markus Wolf, Gregor Gysi, Manfred Gerlach als Staatsratsvorsitzendenkarikatur (es folgt Monate später noch eine letzte Darstellerin in dieser Rolle) – ein Kappenfest der Versöhnung von amtsmüden Herrschern und amtsfeigen Untertanen, viel Beifall und Pfiffe, «Aufhören!» und «Aufhängen!». Eine originelle Inszenierung – es hätte noch viel Ernstes und Heiteres erfolgen können, wenn nicht am 9. 11. der ganze Schnürboden eingebrochen wäre.

So gelang der vielgeschmähten Intelligenz ein Kunststück: die Aufweichung eines beinharten Gestells. Jeder Protagonist auf den verteilten politischen Bühnen des Ostens konnte annehmen, daß es für ihn speziell besser werden würde, daß er schon immer angestrebt habe, was jetzt Wirklichkeit wird. Es war wie ein Aktfinale bei Mozart: Die guten und die Schurken posieren nebeneinander, jeder hat seinen Text, seine Deutung des Inhalts, seine eigenen Absichten, seine eigene Melodie – aber der Teufelskerl Amadé bringt es fertig, daß alles zusammenklingt und noch dazu wunderschön. Nur im Proszenium steht ein Baß-Buffo wie Schalck-Golodkowski und verkündet im Ostinato, daß es höchste Zeit ist für den Abgang zum Tegernsee.

Es war nur ein Aktfinale. Und Doktor Bartolo, der alles eingefädelt hat, wird im nächsten Akt nichts mehr zu sagen haben. Intelligenz in historischer Sekunde, ein kurzer, gehaltvoller Monolog – und exit das Schmiermittel, das die Revolution eröffnete und möglich machte. Den nächsten Akt bestreiten gewichtigere Figuren.

# 9
# Vom Menschenrecht auf Ratlosigkeit oder Wir Narren

## Offene Hängepartien: Umgewälzte Länder

Wir haben in dem sozialistischen System gelebt und haben sein Ende miterlebt. Wir haben die völlig unwahrscheinliche Lähmung eines Gewalt- und Stabilisierungspotentials gesehen. Wir haben es nicht glauben können. Über Jahrzehnte haben sie eine herrschende Adelsschicht aufgebaut und ihre Pfründe, ihre Existenz an das Bestehen des Systems geknüpft, haben eine Waffenaggregation erzeugt, wie sie die Geschichte noch nicht gesehen hat, Waffen, die ganz speziell zum Einsatz gegen widerborstige Heloten geeignet waren. Alles war vergeblich. In all dem historischen Determinismus, dem verbissenen Klassenfeinddenken, dem Kampf bis aufs Messer zweier Systeme, erlebten wir die Wiedergeburt des subjektiven Faktors in der Geschichte. Das «Volk» war wieder gefragt, und zwar gar nicht auf die alte Weise der Zusammenrottung der Entrechteten zum Barrikadenkampf, im Gegenteil, die traditionelle Kampfform («Alle Räder stehen still . . .») versagte in Polen. Volk war wieder Subjekt der Geschichte.

All das währte nur für die Dauer einer historischen Sekunde und führte nur zu Imitationsformen parlamentarischer Demokratie und sozial garnierter Marktwirtschaft. Da in den nacktgeborenen Gesellschaften beides aus Trümmern gebaut werden muß, droht bereits in den Anfängen eine Existenzkrise. Zwar gelingt überall die Installation einer Handels- und Zirkulationssphäre, nicht aber der Modernisierungsprozeß in der produzierenden Volkswirtschaft. Der hochintegrierte Weltmarkt stellt Anforderungen, denen sie nicht gewachsen sind. Er erzwingt den Neubau durch Einsatz von Intensivkapital, also hochkonzentriertem Risikokapital mit bestenfalls langfristiger Rendite. Inländisches Kapital gibt es nicht, ausländisches (bzw. westdeutsches) ist zu feige. So häufen sich Hiobsbotschaften und Kassandrarufe, die den postsozialistischen Gesellschaften den Einbruch in die untere Etage, auf das Niveau der südlichen Länder, prophezeien.

Da kommt dann der zynische Intellektuelle des Westens und klopft dem Kollegen aus Osteuropa auf die Schulter. «Das mit dem subjektiven Faktor hatten wir schon, zuletzt 1968. Das ist alles nur ein kurzer Rausch. Danach arbeitet der Mechanismus, und ihr werdet euch dort wiederfinden, wo die logisch-rationale Analyse euch den Platz zuweist. Weit unten.»

Ganz recht. Die Logik. Wenn wir auf euch gehört hätten, dann wären wir immer noch im real-agonalen Sozialismus. Dem Osten die Kreativität abzusprechen ist eine besondere Form der Arroganz. Wir sind gescheitert, folglich werdet auch ihr scheitern. Ihr müßt es gar nicht erst versuchen. Es ist unnütz.

Tatsächlich verwalten alle osteuropäischen Gesellschaften etwas, was im Schachspiel «offene Hängepartie» heißt. Also nicht eine Abbruchstellung, in der man bestenfalls eine Weile strampeln kann, bis die Niederlage komplett ist; auch nicht eine, die zum strahlenden Sieg führt. Sondern ein offenes

Spiel. Ja, ein Spiel. In dem nicht alles nach einem klappernden Mechanismus abläuft, den man verstehen und dann, überlegen lächelnd, passiv beobachten kann. Es besteht vielmehr die Möglichkeit und die Chance, daß der Umbau gelingt, ohne daß wir zu Bettlern vor der Tür des Westens werden. Dabei zeigt sich die Hebelfunktion, die spontanes Handeln ausüben könnte.

## Erfolgsbedingungen des Umbaus

Sie sind schnell aufgezählt: Politische Stabilität, demokratische Spontaneität, Strategien gegen den Zwang zur Kapitalhyperkonzentration und zur überscharfen Rückkopplung durch Konkurrenz, sowie Genügsamkeit.

Genügsamkeit ist die Beschränkung auf die *natürlichen* Bedürfnisse. Das ist die Fähigkeit, durch Manipulation angeworfene Bedürfnisse öde zu finden.

Das Konsumverhalten der Menschen ist die bewußtseinsabhängige Komponente, die über das Schicksal des Umbaus entscheidet. Und das Verhalten der Menschen in Rußland, Polen usw. läßt sich keineswegs blank aus dem in den westlichen Gesellschaften und auch nicht aus dem in der Dritten Welt ableiten. Nur wenn sie als passives Stellglied funktionieren, kann die blindwütige Selbstzerstörung durch den Kapital- und Geldmechanismus erfolgen.

Hier setzt ein, was jeder Kritiker sofort als Illusion abtun mag: der Glaube daran, daß die Gesellschaften des Ostens ihr letztes Wort noch nicht gesprochen haben. Ich halte starrsinnig daran fest und weise ab, daß jemand Erkenntniswerkzeuge haben könnte, die genaue Voraussagen ermöglichen.

Und da es um Bewußtsein geht und weil der Umbau nicht

einfach ins eingefahrene Gleis laufen muß, behaupte ich die besondere Rolle der Intelligentsia auch in der Zukunft. Sie soll nicht einfach aufs westliche Vorbild einschwenken. Trotz aller Beulen am Helm ist sie für die Zukunft nicht schlechter gerüstet.

## Zivilisationskrise

Der Rohbau der postsozialistischen Gesellschaften wird vermutlich von der Flut der globalen Zivilisationskrise überschwemmt werden. Sie bedroht uns als Zusammenbruch des Blutkreislaufs der Weltwirtschaft und als ökologischer Kollaps der Biosphäre. Auch die dritte Gefahr, atomare Sprengung oder schleichende Vergiftung durch Tschernobyl-Fallout, ist keineswegs gebannt.

Über dieser Krise liegt ein merkwürdiges Tabu. Es zeigt sich nicht als Berührungsverbot, sondern als Sprechzwang. Die Erkenntnis wird verdrängt, indem man ständig darüber redet. Toujours en parler, jamais y penser. Die Form der Gottheitsanbetung ist der Gähnkrampf beim Anhören der Litanei.

Die Krise ist lästig wie ein aufdringlicher Bettler. Das helle Bewußtsein von ihr lähmt alle Kräfte. Wir verdrängen es daher aus dem Aufmerksamkeitsfeld nach hinten ins Selbstverständliche.

Die ökonomische Analyse der Weltordnung sagt uns ein blind waltendes Schicksal voraus. Unter der Selbstbewegung von Kapital und Geld werden die Handelnden entweder zu menschgewordenen Dollars, zu gierigen Shylocks oder zu Mondsüchtigen, die dem gaukelnden Trugbild des kommenden Wohlstands folgen.

Aber sowenig wahrscheinlich es erscheint: Es besteht die *Möglichkeit*, daß die Menschen sich der Objektrolle verweigern. Wie zerbrechlich kooperatives Verhalten in der Einsicht, daß wir alle im gleichen Boot sind, auch sei, es geschieht gelegentlich! Der Sozialismus hätte noch Jahrzehnte real dahinvegetieren oder zur blutigen Diktatur entarten können, wenn nicht das Irrationalste eingetreten wäre: rationales Verhalten ganzer Gesellschaften!

Wer bei der Beschreibung der Krise diese Möglichkeit unterschlägt, leistet ihrer Verwirklichung Vorschub.

## Fetisch Wachstum

Die Unheilsprophetien der Krise beschreiben wahrhaftig eine drohende Gefahr. Wir müssen ihren blinden Trend ernst nehmen, dürfen uns aber nicht mit ihm abfinden, sondern müssen ihn kaltblütig untersuchen.

Wirtschaftssysteme sind abstrakte Nachbildungen von gewissen Ökosystemen. In ihnen kann Verdrängungskonkurrenz bis zum Kollaps wegen Ressourcenverödung führen. Die mathematische Form dieses Prozesses ist exponentielles Wachstum, Malthuswachstum, gelegentlich sogar hyperexponentielles Wachstum. Sie stammen aus Regelkreisen mit positiver Rückkopplung, die zum Heißlaufen neigen. Die katastrophale Verdrängung aller Dünndarmbakterien durch eine einzige Spezies bei gewissen Säuglingsdyspepsien ist ein gutes Beispiel. Der Sieg der Spezies programmiert den Untergang des Wirtes und damit auch des Siegers. Alle Computersimulationen der Weltwirtschaft seit dem Club of Rome sind modellgewordene Exponentialfunktionen, bei denen schließlich ein Substrat ausgeht oder ein Endprodukt den Prozeß zerstört.

Demgegenüber sind Diversifizierung, Kompartimentierung, ungleiche Ressourcenverteilung auf Teilsysteme, gegenseitige Abhängigkeit und Kooperation Mechanismen, die Ökosysteme im Gleichgewicht halten oder periodische Auf- und-ab-Bewegungen der primären Variablen bedingen. Sie beeinflussen die Koeffizienten und dämpfen damit das exponentielle Wachstum.

Die Auflösung von Kompartimenten, von Nischen mit Spezialökologie ist stets ein gefährliches Phänomen. Es kann negative Rückkopplungen zwischen Teilsystemen auslösen. Das ist es, was den angeblichen Sieg des Westens über das sozialistische System so gefährlich für die globale Stabilität macht – ein Effekt, der die primär günstigen Wirkungen der Homogenisierung leicht überlagern kann.

Der Zusammenbruch des Ost-West-Konfliktes kann auch segensreiche Folgen haben. Dazu gehört aber die Neuknüpfung kooperativer Schleifen. Wie sehr man sich auch bemüht, sie lassen sich nicht managen. Es sind spontane Entscheidungen im Bewußtsein, und mit ihnen kommt die Notwendigkeit ins Spiel, auf eine innere Umkehr, eine Revolution in den Köpfen zu warten. Analog zur Abwicklung des Sozialismus müssen die Menschen von der passiven Duldung zur aktiven Beendigung übergehen: Jetzt ist Schluß! Auch hier der Bewußtseinsfaktor, auch hier seine Immunität gegen Predigt und Nötigung.

## Revolution im Kopf

Es gibt ein Potential für kooperatives menschliches Verhalten, das frei ist von der Wachstumsideologie. Viele Kinderspiele sind so eingerichtet, und die es nicht sind, wie Monopoly oder

«Mensch ärgere dich nicht!», führen bei der Geburtstagsgesellschaft zu Tränen. Es gibt auch kooperative Gemeinschaften in Familienverbänden, besonders in archaischen Gesellschaften, die frei von blinder Expansionstendenz sind.

Wir brauchen diese Möglichkeit, wir brauchen Geduld. Die Revolutionen im Kopf können nur spontan, freiwillig ausbrechen.

Der neue Typ von Umwälzungen der Zukunft wird nicht mehr ein Endkampf zwischen antagonistischen Fraktionen sein. Umwertung wird wichtiger sein als Umverteilung von Gütern, Enteignung, Totschlag. Hunger war das treibende Motiv bei Revolten des alten Typs; Smogkopfschmerz und Überdruß an der immer künstlicheren Welt werden es in Zukunft sein. Umwälzungen werden nur stattfinden, wenn sie nicht ernst gemeint sind, fiktiven Charakter haben, Theaterinszenierungen sind.

## Revolutionstheater

1789. 1989. Die Revolutionen waren Theaterstücke. Sie waren genauso ernst, bitterernst und doch nicht ganz ernst gemeint wie Theateraufführungen überall in der Welt.

Und für den Ausgang unserer Revolution gibt es das lateinische Wort: EXIT.

Abgang. Immer wenn die Handelnden ihren pathetischen Spruch aufgesagt haben und abtreten. Die Shakespeareschen Königsdramen sind eine reiche Quelle für dieses «exeunt». Sie sind auch Anregung für die bühnengerechte Geschichtsschreibung der verblichenen DDR und des sich häutenden Ostblocks.

Exeunt also. Die Figuren treten ab. Aber auch bei Shakespeare weiß man nie genau, ob sie nicht später noch einmal wiederkommen.

Der Geist von Hamlets Vater hat mehrere solcher Auftritte, beginnend mit Akt I, Szene 1. Enter Ghost. Exit Ghost (ohne etwas gesagt zu haben). Dann re-enter Ghost. Hamlet ruft: Stay, illusion. Verweile, Trugbild! Wieder ist unklar, wen er meint. Es könnte auch die Bürgerbewegung des Herbstes gemeint sein.

Dann winkt der Geist dem Hamlet. Was diesen zu der Zeile: Etwas ist faul im Staate Dänemark! animiert. Daraufhin exit Ghost.

Shakespeare kennt auch andere Begebenheiten rund um den Abgang, die bei unserem Revolutionsstück nicht drankamen. Exeunt with a dead march zum Beispiel, Abgang als Trauerkondukt, wie am Ende von König Lear. Oder in mehreren Königsdramen haben wir die Szene: Mörder erdolcht ihn. Es folgt ein kurzes erklärendes Statement des Mörders. Dann: Exit with the body! Abgang mit der Leiche, auf der Bühne schwierig zu realisieren. Es gelang in der Realität ebensowenig. Leider nicht, sagen heute viele. Wenn er auch nicht erdolchen darf, so könnte er doch wenigstens ein bißchen würgen, der Rechtsstaat, als Vergeltung.

Dann treffen wir wieder Bekanntes in Shakespeares Regieanweisungen, Erlebtes: Abgang mit Tusch zum Beispiel. Flourish. Exit Lothar de Maizière. Oder die Konstruktion, die die Bühne aufräumt. Exeunt all but Gloster. Auf gut deutsch: Alle ab außer Günter Krause.

Die Revolutionen, die Pseudorevolutionen der Jahre 89 bis 91 waren Theater, wie alle großen Revolutionen. Mit klassischer Einheit von Schauplatz und Zeit. Auf der Bühne von Paris, auf der Bühne von Petrograd. Und ebenso hatten alle das Satyrspiel nach der Tragödie.

Das Neue an unseren Revolutionsstücken war, daß sie TV-gerecht abliefen. Auch dramaturgisch, nämlich als Videoclip. Als Fernsehspot. Als Vorspiegelung von Bühnenereignissen. Am aufregendsten war die Balkoninszenierung von Bukarest. Erst steht Ceauşescu, der Bösewicht, an der Brüstung und spielt in vollendeter Mimik den sekundenschnellen Übergang von der winkenden Führerlichtgestalt zum erschrocken abwehrenden Gangster. Dann treten Mafiosi auf, setzen sich umständlich die ungewohnten randlosen Brillen auf und verlesen Freiheitsproklamationen: Wir sind das Volk! Wir sind die neue Intelligenz! Volk tritt danach auf mit Knüppeln und Steinen, in Bergmannstracht, und räumt das Proszenium ab. Das ist alles bei Arturo Ui vorgeprobt worden.

Ein anderes Spielplanstück war das Camp-in auf dem Tian-An-Men. Dazu dieser wunderbare Regieeinfall mit dem einsamen jungen Mann, der die Panzerkolonne mit erhobenen Armen aufhält. Sinnbild der friedlichen, der erfolglosen Revolution. Und die Freiheitsstatue aus Pappmaché, die ebenso gemächlich umfiel wie jüngst, Monate danach, Tomskis abwärts schwebende Skulptur «Lenin-Kopf mit Halsschlinge» in Ostberlin. Daneben hatten wir auch Chorauftritte, Massenszenen wie in Leipzig. Wir hatten den Heldentenor und seine Siegesarie auf dem Panzer, auch er ein historisches Requisit. Den großen Ballhausschwur auf dem Wenzelsplatz und Václav Havel und Alexander Dubček als ergreifendes Opernduett!

Der 4. November 1989 in Berlin war nicht nur symbolisch, sondern buchstäblich eine Inszenierung von Theaterleuten. Das Volk stand auf der Galerie und pfiff und klatschte und johlte und lauschte dem Auftritt der Charaktermasken und machte sich seinen eigenen Vers.

Überhaupt das Volk! Das undankbare! Es war wie der kleine Junge, der im Theater zum erstenmal die Tragödie mit Dolchen und Schwertern erlebt hat. Auf dem Weg nach Hause in der Straßenbahn sagt er enttäuscht zu seiner Mutter: Aber die haben ja gar nicht Ernst gemacht!

Ja, daran ist nun wirklich etwas Wahres. Wir haben nicht Ernst gemacht. Wir haben weiter Theater gespielt. Runder Tisch. Sturm auf die Normannenstraße. Volkskammer. Bonner Hinterbänkler-Luftnummern. Vorn schmettern jetzt die Hauptdarsteller ihre Solos, hinten stehen Ossis als Backgroundsingers, summen und wiegen rhythmisch die Hüften. Zu Hause geben wir die unendliche Geschichte, die Provinz-Moritat von der schrecklichen Schuld im Stasi-Gestrüpp, die Bösewichter jeden Fernsehabend in neuer Besetzung.

Warum wurde das ganze Revolutionsstück so schnell abgesetzt?

Ich habe darüber lange nachgedacht. Mein Antwortversuch ist: Das Publikum hatte es satt, von Leuten regiert zu werden, die stets besser wissen, was es zu tun hat und welcher Weg in die Zukunft führt. Der Überdruß am intellektuellen Entwurf der Gesellschaft schlug durch. Er fegte nicht nur die Ideologen eines erneuerten Sozialismus von der Bühne, sondern auch alle anderen Reformer und Bürgerrechtler, Dichter und Denker, Soziologen, Pastoren und Regeltechniker der Gesellschaft. Die Klasse der Intelligenz, der Wissensträger der Gesellschaft wurde durch diesen Überdruß fachlich dequalifiziert und politisch diskreditiert. Theater wurden entsubventioniert, Universitäten und Akademien abgewickelt und aufgelöst, Schriftsteller und Philosophen des Duckmäusertums und der Stasiknechtschaft geziehen.

Zurück bleibt eine depressiv verstimmte und klagende Elite. Sie fühlt sich um ihre Verdienste betrogen. Das undankbare Volk versagte ihnen die Gefolgschaft und wandte sich den Machern aus dem Westen zu. Wir haben den Löffel abgegeben und wollen gefüttert werden. Je mehr ich darüber grüble, desto unangebrachter erscheint mir diese Resignation. Ich will drei Gründe erwägen.

Zunächst: Es hat noch keine Revolution gegeben, die von denen vollendet wurde, die sie begannen. Die Demokraten im Februar 1917 schafften es ebensowenig wie die Erstürmer der Bastille. Was wir eingespart haben, war die Etappe zwischen Bastille und dem Direktorium. Die Guillotine unter anderem. Aber auch die Entwurzelung des Alten.

Dann: Wir haben es so gewollt. Der Mehrheit unter uns, vom Marxisten bis zum Ökodissidenten, war klargeworden, daß die Vollendung der Klassenmacht die Diktatur der Intelligenz bedeutet hätte und damit das Ende ihrer Kreativität. So wurde das Gesellschaftsgebäude abgetragen, als es fertig war. Was individuell als Niederlage erscheint, ist historisch ein Erfolg. Das erste Mal in der Geschichte degenerierte die herrschende soziale Gruppe (ich meine die Intelligenz und zähle auch die Parteiintelligenz dazu) nicht für Generationen zum Blutsauger, sondern wickelte (unter Druck von «unten») das mißglückte System mit seinen Anführern ab. Die einen nannten diesen Vorgang «Projekt erneuerter Sozialismus», die anderen «Bürgerrechte und Reformen», wieder andere die «zivile Gesellschaft», die energischsten nannten es «soziale Marktwirtschaft» und «Wiedervereinigung». Alle gemeinsam haben das Verdienst, daß es kooperativ, ohne Gewalt verlief. Wer das bespötteln will, soll vorher in den Irak oder nach Jugoslawien schauen.

Schließlich noch: Unsere Voraussetzungen sind nur bei oberflächlicher Sicht schlechter als im Westen. Vor den Herausforderungen der Zukunft steht die Intelligentsia des Westens genauso hilflos wie wir. Man muß nur an den Golfkrieg zurückdenken, der außer gewaltigem Muskelspiel und vielen zehntausend Toten nichts gebracht hat. Wir können unsere Lage als Start auffassen, als Tabula rasa. Angepaßt und eingefügt hängt die Intelligenz des Westens in der Sprossenwand, mit schwerem Rucksack vor dem Bauch. Wir sind den schweren Rucksack los.

Die Revolutionen der Zukunft werden nicht gewalttätig sein. Sie werden allen Theaterzauber und allen Kitsch haben, aber es wird kein Blut fließen. Daß so etwas bevorsteht, wird mir klar, wenn ich Freitag nachmittags für Stunden im Autostau stehe, diesem Sinnbild des überreizten Wohlstandes für alle. Ich rieche es, wenn ich in der klimakonditionierten Atmosphäre der Empfangshalle der Deutschen Bank atme, diesem Sinnbild kühler Effizienz, auf die Spitze getrieben. Wenn ich unseren Tanz ums goldene Kalb beobachte, das Eigentum, Wohlstand, Konsum genannt und angebetet wird. Schon jetzt sehe ich den kommenden Überdruß und das hilflose Scheitern der vermeintlichen Sieger. Der späte Sozialismus klammerte sich an das Trugbild von ewigem Wachstum und Fortschritt. Wir sollten ihm nicht in anderer Verkleidung verfallen.

Nehmen wir die ausgelassene Laune der Theatervorstellungen vom Oktober und November 1989 nicht nur als Abschlußveranstaltungen der DDR, sondern auch als Wetterleuchten in die Zukunft. Nicht geschlagen ziehen wir nach Haus, und nicht unsere Enkel sollen es besser ausfechten, sondern wir müssen der Sauerteig werden, der ganz Deutschland durchdringt.

## Der Thinktanker

Von der zynischen Intelligenz des Ostens ist oft geredet worden. Sie hat als Modell geprobt, wie lächerlich sie aussieht, wenn wirklich einmal etwas geschieht.

In Moskau der Chef-Tank-Thinker im Zentralkomitee: Beim Staatsstreich abtauchen, fährt auf die Datscha, ruft den Journalisten «No comment» zu. Er kommt zurück und ist höchst frustriert, daß niemand mehr von seinem Gedenke wissen will.

Die Zeit wird in die apokalyptische Phase wechseln. Dann kann der zynische Intellektuelle sich auf dem Rodeomustang nicht mehr halten und landet mit schmerzverzerrtem Gesicht im Sand.

## Zum Griechen essen gehen

Im Osten hat die Intelligentsia Involution statt Revolution gespielt. Aber auch im Westen danken sie ab vor ihren eigenen Ansprüchen. La trahison des clercs. Nicht Korruption, nicht Käuflichkeit, nicht Lüge sind die Verratsmerkmale der Intellektuellen, sondern zynischer Gleichmut im Konsumieren.

Ein Estradenorchester spielt auf dem Luxusdeck der *Titanic.*

## Sieg des Platzhirsches: Impotenz

Der Sheriff betritt den Saloon und sieht sich grimmig um. Alle erstarren. Er zieht den Colt, schießt ein dutzendmal in die Wand und verläßt den Raum.

Die Gangstermeute belebt sich. Die Vorbereitung des neuen Raubzuges wird wiederaufgenommen.

Am frappierendsten am Golfkrieg ist die Impotenz der Sieger. Seit Generationen zum erstenmal waren sich alle einig, stießen die moralischen Empörungen nicht gegeneinander. Eine riesige Streitmacht wurde massiert. Der Bösewicht wurde bestraft.

Ergebnis: Nichts. Ein bombastischer Furz. Null ouvert.

Allerdings, doch: ein paar geringfügige Seiteneffekte. 600 Tonnen Öl fließen jeden Tag in den Persischen Golf. 800 000 Tonnen fackeln täglich als Rauchschwade in den kuwaitischen Himmel.

Ja richtig, und dann noch: 100 000 tote Soldaten im Wüstensand. Zehntausende zivile Bombenopfer. Tausende Kinder sterben an Cholera oder an Dyspepsie. Dann noch die fliehenden und sterbenden Kurden, Schiiten. Saddam im Sattel, der Scheich köpft Verräter, Iran ist wieder honorig. Eine Konfettiparade für eine Luftnummer, fürs Recycling der Totschlagsgeräte. Aufmerksam sehen Kleinmächte zu, sie tragen Babybomben im Colthalfter.

Der nächste Krieg wird mit weniger großmäuligen Partnern ausgetragen werden. Dann können wir Gasgranaten und Atomraketen fliegen sehen.

Triumphierend begrüßen wir im Osten den Verfall des oktroyierten Rationalismus und registrieren im Westen ratlos die Impotenz des rationalen Krisenmanagements. Überall gibt es die kleinen Krisenfeuer, in der Sowjetunion, auf dem Balkan, auf dem indischen Subkontinent, in Hinterindien, Afrika, Lateinamerika.

Der Sheriff schießt in die Wand und kehrt zum Golfspiel zurück.

## Das Albanerschiff

Modell für den Schrecken der Zukunft: Ein Schiff mit Milliarden von Ameisen legt an.

Modell für den ausweglosen Entscheidungskonflikt der Zukunft: Die italienischen Behörden vor dem Albanerschiff. Ratlos. Natürlich kann nicht einfach eine Flotte von Einwanderern einfallen wie Heuschrecken und sich einnisten. Aber wenn sie sie mit Schlagstöcken und Fesseln wieder hinaustreiben, stehen sie vor aller Welt als moralische Schufte da. Wie sollen sie da handeln?

Wie sollen sie handeln, wenn sich Hunderttausende, Millionen Einlaß verschaffen?

Die Indizien deuten darauf hin, daß die politischen Methoden des ausgehenden 20. Jahrhunderts im Scheitern begriffen sind.

## Evolution vor der Revolution

Die Okzidentalen brauchen eine Revolution vom neuen Typ. Eine, die gegen uns selbst gerichtet ist, gegen den eingefahrenen Trott, nicht auf den Sturz von Herrschenden, nicht auf Enteignung, wie die klassischen Vorbilder. Dabei geht heutzutage soviel in Scherben, daß der ganze Umsturz nicht lohnt.

Das Vertrackte ist, daß jeder Revolution ein geduldiger Umbau der Reflexe, ein Wechsel der Stereotypen, ein Neubau im Kopfe vorausgehen muß. Der spektakuläre Umschwung, der Phasenwechsel steht am Ende. Ihm geht die allmähliche Änderung der Steuerparameter voraus. Quälend langsam abkühlende Siruplösung. Die Bildung von Kristallzucker setzt plötzlich ein, ist aber von langer Hand vorbereitet.

Eine Umwälzung sucht sich ihr Flußbett am geringsten Widerstand. Stets an der Nebenfront, niemals dort, wo die Logik es vorhersagt.

Die Attacke erfolgt dort, wo die Schutzmauer nicht bemannt ist. In den realsozialistischen Zeiten ging es immer dort los, wo die Herrschenden es nicht erwarteten. 1989 zum Beispiel erwarteten sie den Ansturm nach dem Rezept proletarischer Revolutionen, mit Betriebsbesetzungen, Okkupationsstreiks, gewerkschaftlicher Solidarität. Sie hatten den Schock der Solidarność gerade verdaut. Alle Aktivitäten der Sicherheitspolizei waren darauf gerichtet, die Bürgerrechtsgruppen aus den Betrieben herauszuhalten. Dieses Schema hatten die Handelnden im Citoyenkostüm gerade nicht im Sinn. Sie demonstrierten nach Feierabend und versammelten sich vor den Kirchen. Sie versuchten gar nicht, sich im Betrieb zu organisieren.

So weiß auch niemand, wo die nächste Umwälzung ausgelöst wird. Es gibt jedoch ein paar Indizien.

Die Revolution wird keine zynische sein. Der Zyniker rutscht von der Bühne weg.

Plethora wird vorausgehen: Die Fülle wird unerträglich werden. Der Stau im Stadtzentrum wird nicht mehr mit masochistischer Lust zu ertragen sein. Die Streßkopfschmerzen vom Leerlauf im Alltagstretrad werden die Hirnschale sprengen. Der leere Konsum, von Bedürfnisartefakten getrieben, wird in Überdruß umschlagen. Ich glaube fest an die revolutionäre Potenz der Langeweile, die entstehen wird, wenn die Krawatten die Oberhand errungen haben. Ich glaube nicht daran, daß das kühle Ambiente einer Bankempfangshalle alle anderen Lebensformen verdrängen kann, nur weil dort das betonfeste Kapital liegt. Es wird eine Gier nach Genügsamkeit geben, schon jetzt in einer gewissen Jugendkultur erfahren. Der Sauerteig wird die neue Bundesrepublik durchdringen. Es wird keine Neuausgabe der fünfziger Jahre geben, und auf 1968 werden wir nicht zwanzig Jahre warten müssen.

Geduld müssen wir allerdings haben, und den Kopf müssen wir vorher auch noch freiräumen. Wir müsen die Heulnischen verlassen. Aus der zynischen Hängematte aussteigen.

Die Revolution wird keine sein, in der Menschen enteignet und gehängt werden müssen. Sie wird wie Schuppen von den Augen fallen: Ach, das ist es also? Ja, dann bin ich auch dabei.

Ich bin überzeugt, daß das Licht aus dem Osten kommen wird. Aus den gebeutelten Rumpfgesellschaften. Sie haben für Überraschungen gesorgt, die alle für unmöglich hielten. Die Zeitgeschichtsdarstellungen von 1987 sind verstaubter als die Bergpredigt und die Apokalypse. So schnell kann es geschehen.

Der Herbst 1989 war nicht nur der Schlußvorhang für die Epoche nach den zwei Weltkriegen, sondern auch die Vorprobe der friedlichen Revolutionen der Zukunft. Mir ist klar, daß ich naiv bin. Ich pfeife auf den analytischen Scharfsinn all derer, die immer genau wissen, warum etwas unmöglich so geschehen kann, wie es geschieht.

## Solidarität

Solidarität ist, anthropologisch gesehen, ein Tanz auf hohem Seile. Er wird nur selten gelingen. Häufiger ist der Absturz.

Verlangt ist, bei einer Entscheidung vom unmittelbaren Nutzen für sich selbst abzusehen und statt dessen den Lohn als Ansehen in der Gemeinschaft, der Sippe, der Gruppe, dem Clan usw. zu erhalten.

Prekäre Balance ist gefordert. Jedes solidarische Handeln steht in dem bekannten Dilemma vom Gefangenenausbruch. Er kann nur gelingen, wenn beide zusammenhalten und an allen Mauern eine Räuberleiter anbringen. Verrät einer den anderen, dann kassiert er den Lohn in erlassener Haftzeit, während der andere mit Verdopplung bestraft wird. So steht kooperatives Handeln stets unter dem Risiko, verraten zu werden um eines kleinen Gewinnes willen. Die Neigung ist groß, aus der Solidarität auszusteigen. Kooperationsstrategie ist instabil, weil du der Geprellte bist, wenn der andere das Bündnis aufkündigt und den Spatz in der Hand als Trinkgeld empfängt.

Es wird erst dann zur Kooperation großer Gruppen kommen, wenn die unmittelbare Erfahrung der Solidarität mit dem Eigeninteresse zusammengeht, so wie es im Herbst 1989 mit den Bürgerrechten und der Freizügigkeit war. Eine solche Situation kann man nicht künstlich herstellen, sie muß sich ergeben, und die Chance muß erkannt werden.

Im Augenblick kassieren alle die Sonderprämien, die antikooperatives Verhalten anbietet. Die Stelle halten, Eigentum erwerben, der erste Unternehmer sein, usw. Das aber wird bald zu Ende sein, wenn die globalen Probleme kommen: regionale Krisen, Bevölkerungsexplosion, Wirtschaftskollaps in der Nachbarregion, Migrationslawinen, neue Kriege, Naturzerstörung. Wir verhalten uns wie derjenige, der noch heftig Gas gibt, obwohl am Horizont schon der Stau erkennbar ist. Wir wollen schnell noch etwas Feines essen, bevor die Fastenzeit kommt.

Jeder weiß, daß die Zeit vorbei ist, die dieses Verhalten rational machte. Die Weltkonflikte werden nicht mehr durch die Konfrontation der Supermächte im Zaum gehalten werden. Wir sehen das genau und verweigern doch die Schlußfolgerungen.

## Der naive Intellektuelle

Die Bewegungen im Osten läuten einen Paradigmenwechsel ein. Für einen kurzen Moment in der Geschichte, und sofort wieder vom nächsten Wellenbrecher überrannt, aber immer noch vorhanden, an die Oberfläche drängend: der metazynische Intelligenzler. Er ist ironisch, nicht zynisch. Adam Michnik ist ein gutes Beispiel: Er kann laut lachen über den ganzen Politzirkus; er stottert beim Reden, daß einem angst wird, und nimmt die Suada im nächsten Augenblick mit halsbrecherischem Tempo wieder auf. Noch ist Probezeit, noch ist nicht alles ganz ernst, wir können die Naivität wachsen lassen. Bitte, seid ihr doch realistisch, seid zynisch, soviel ihr wollt. Wie Gebetsmühlen wiederholt ihr alle dasselbe: Polen wird nie das Kapital mustern, das ihm den Aufstieg in das zweite Oberdeck ermöglicht. Die realsozialistische Versorgungsmentalität wird Rußland und alle anderen Erben der Sowjetunion in eine Mafiahöhle verwandeln. Wir kennen das alles aus Afrika, aus Lateinamerika. Wir wissen überhaupt alles. Es gibt keine Entwicklung mehr. Alles ist aus der Vergangenheit zureichend erklärbar; die Zukunft kreist um das gefundene Modell. Wiederholt nur die stets gleichen Belehrungen. Beweist nur das Ende von Kultur, Geschichte und Bewegung. Niemand wird es euch verbieten, aber es wird aufhören, schick zu sein. Es ist sehr schwer, ein blasierter Snob zu bleiben, wenn das niemand zur Kenntnis nimmt.

Intelligenz degeneriert, wenn sie Schalthebel der Macht übernimmt. Sie entartet zu Bürokratie oder Technokratie. Sie verliert die Bindung zur abstrakten Realität, wird Machterhalter und Machtverwalter. Im Grunde kann Václav Havel nur schleunigst zurücktreten. Der Philosoph auf dem Thron – ein Widerspruch in sich.

Die Degeneration des Intelligenzlers an der Macht ist Lähmung seiner geistigen Potenz. Er muß dumm werden. Er wird schwach, indem er stark ist. Es gibt zwei Typen: Schüttellähmung und schlaffe Lähmung. Schüttellähmung: krampfhaft, die Muskeln sind stark, gehorchen aber nicht. Sie wird den charismatischen Intellektuellen befallen. Er wird die grandiosen Ideen ergreifen und mit den Armen herumfuchteln. Mussolini. Die schlaffe Lähmung befällt den bescheidenen, den integeren Intellektuellen, den es nach oben gespült hat. Er ist erstaunt über die plötzliche Popularität und Macht und kann sie nicht festhalten. Er wird zum Spielball. Mit traurigen Setteraugen sieht er dem revolvierenden Treiben zu und tritt sofort zurück, wenn es verlangt wird. Typ Mazowiecki.

Die 68er waren stark, als sie jung und liebenswürdig waren. Rudi Dutschke ist das Symbol einer das Establishment verneinenden Generation, weil er so tragisch endete. Als Parteivorsitzender wäre er unerträglich gewesen.

Der Narr ist unsere Rolle. Der Narr transzendiert das System im Wort. Er greift nicht zur Waffe, riskiert, mit Fußtritten bedacht zu werden. Stets wird er ausgelacht. Aber er spricht unbeirrt die Antithese aus, die er für die Wahrheit hält. Es läßt sich nicht immer klären, ob es die Wahrheit ist, was er da zu wissen meint. Aber es verhindert, daß sprachloses Weitermachen die Bühne besetzt.

Auch wir 89er Herbstzeitlosenblätter waren Narren. Erfolgreich nur, solange wir so blieben, solange unser Handeln chancenlos aussah, donquichottesk. Havel vor der Blockhütte nach seinem Knastaufenthalt: dieser kompromißlos-undurchführbare Aufruf zum Unmöglichen, zum einfachen Leben in der Wahrheit! Unmöglich, närrisch, und doch genau die Strategie, die allem Spuk ein Ende bereitete, als die Menge eingriff, nicht mehr den Kopf eingezogen hielt. Jetzt muß Havel Kompromisse schließen. Die stinkenden Giftküchen mit den Interessen der Arbeitnehmer vermitteln. Er muß Arbeitsplätze für die Waffenproduktion bewahren. Nur Export bringt Devisen.

Wir müssen uns auf die transzendente Rolle besinnen. Nicht Aussitzen von politischen Hängepartien ist unsere Aufgabe, sondern den Super-GAU der menschlichen Zivilisation verhindern.

Nur Narren haben die Chance, gehört zu werden. Nur Narren können Krusten durchbrechen.

## Was tun?

Auf diese berechtigte Frage nehme ich Auszeit in Anspruch. Das Recht auf Verweigerung der Aussage. Das Menschenrecht auf Ratlosigkeit.

Ich weiß die Antwort nicht. Ich weiß nur, daß Ratlosigkeit nur dann produktiv werden kann, wenn ich sie nicht martere.

Wer bündige Antworten hat, schwindelt sich in neue Illusionen. Ich werde mich hüten, wie ein Evangelisationsprediger die Ekstase herbeizusuggerieren.

Wer alles zur Katastrophe programmiert sieht, wird selbst zum Faktor, der sie herbeiführt.

Meine Lebenserfahrung besteht aus vierzig Jahren DDR-Gehorsam und einem Vierteljahr ziviler Revolte. In dem infinitesimalen Zeittakt wurde mehr erreicht als mit einem ganzen Zeitalter an Anpassung und Duldung. Das kurze Jahresviertel war nicht durch Wanderprediger ausgelöst. Es war vielmehr ein spontaner und abrupter Stimmungsumschwung bei der Mehrheit der Menschen in mehreren Ländern. Dies trug die Bürgerbewegung, nicht ihr Diskurs, dies trug den Protest, dies machte den Argumenten Flügel.

Wir sind in einen Zustand hineingeraten, der nicht mehr turbulent ist und doch kein Gleichgewicht.

Wir sehen die Kalamitäten der Pyrrhussieger. Ihre Regulationen, ihre Weltordnung versagt auf eindringlich überzeugende Weise. Der spöttisch-stille Vergleich mit der Impotenz eines Machos paßt hierher.

Wir brauchen Geduld. Zuerst müssen wir aus den Illusionen erwachen, die Klischees auflösen, müssen die Lebenslügen erkennen. Daß die kleinbürgerliche Art von Individualität ins Verderben führt, die bruchlose Anpassung nach dem Modell der fünfziger Jahre, das geduldige Zusammenraffen, bis der Tod uns enteignet. Die Gier nach all den Gütern. Schnell nachholen wollen, womit auch die im Westen nicht glücklich geworden sind. Nicht die kleinen Hahnenkämpfe sollen wir vorführen, das Hickhack von Vorwürfen, Stasi, Partei, nicht Obrigkeitsfrömmigkeit, unkollegiales Verhalten, Duckmäuserei und Unterwürfigkeit. Nicht die erleichterte Schadenfreude, wenn die starken Herren nicht mich, sondern den Nebenmann am Kragen packen und beuteln. Nicht die klammheimliche Anpasserfreude, vom Großen Bruder fürs Wohlverhalten gelobt und belohnt zu werden.

Ebenso müssen wir die verlogene Nostalgie überwinden nach dem verdrehten DDR-Zustand, müssen uns befreien von den falschen Selbstverklärungen der «verratenen Revolution», von der narzißtischen Kränkung, nicht auf die Kommandobrücke gekommen zu sein. Wir müssen die Rangeleien auf den Nebenkriegsschauplätzen abbrechen.

Die Intelligentsia muß den Zusammenbruch ihrer Klassenmacht als Befreiung feiern, als Startsignal. Nicht in die Vergangenheit, nicht in den faulen Wachstumswohlstand, sondern in die ungewisse Zukunft, die wir noch nicht kennen. Alle Wetterfahnen zeigen fort aus der trägen Spätindustriegesellschaft. Sie weisen in kein Fortschrittsidyll, in keine Utopie, auch nicht in das banale Utopia der sich stets wiederherstellenden und leicht zu manipulierenden Bedürfnisse und ihrer schalen Befriedigung.

Auf die vielfarbige Jugend dieser Welt hoffe ich. Auf ihre Neugier, auf das Atropin, das ihnen die Augen glänzen macht. Wird es endlich einmal eine junge Generation geben, die ihre Schnellkraft nicht zum Sprung auf das nächstgelegene Sofa einsetzt?